肩水金關漢簡（肆）

中册

甘肅簡牘博物館
甘肅省文物考古研究所
甘肅省博物館
中國文化遺產研究院古文獻研究室
中國社會科學院簡帛研究中心 編

中西書局

中册 紅外綫圖版

目 録

肩水金關 T33 ……………………………………………………………………… 一

肩水金關 T34 ……………………………………………………………………… 一七

肩水金關 T35 ……………………………………………………………………… 二五

肩水金關 T37 ……………………………………………………………………… 二九

肩水金關 H1 ……………………………………………………………………… 二四七

肩水金關 H2 ……………………………………………………………………… 二五九

肩水金關 F1 ……………………………………………………………………… 二七五

肩水金關 T33:1—91

……城官書到出入　73EJT33:2

願聞其曉　73EJT33:1

入賦居延　73EJT33:3

孂得一詣靡谷候官四月癸卯
鹿候官
　　　辛朋夜食時□
闌　　　73EJT33:4

如律令〉守令史光
□□□□□□□□　73EJT33:5

皆十月壬申出　字次君　73EJT33:6

□子夏鎌也今子夏欲
意"叩頭幸甚　73EJT33:7A

近衣進酒食出
幼都奉書伏地再　73EJT33:7B

九月餘錢六十五其五十
九月餘錢百九十九其八十　73EJT33:9

旦帶到橐他還歸之謹使"再拜受　73EJT33:10

□□□世至正月丁未日餔時行候事關嗇夫博候長龍□　（削衣）　73EJT33:8

辛巳宿第三
□發史
壬午宿會水
癸未宿府　　73EJT33:11

□史季當
□受高子卿足下□□□□
□□□□　　73EJT33:12A

……子游卿
□□二年磨日□□　　73EJT33:12B

□甲候印一詣□
□延井候印旦　　73EJT33:13

月丙申雞前鳴二分騂北卒世受□　　73EJT33:14

□卒瓜錢百（竹簡）　　73EJT33:15

張掖橐他印　　73EJT33:16A

書到願嗇夫出入毋　　73EJT33:16B

□□□
十月庚戌入　　73EJT33:17

粟橐他……昌　　73EJT33:18

十六　□□　　雞鳴　雞鳴　雞後鳴　雞後鳴　雞□　73EJT33:19

肩　　73EJT33:21

東□　　73EJT33:22A

□　　73EJT33:22B

令　　□購錢大守□　73EJT33:20

一編謁上候官敢言之　　73EJT33:23

四斗射日　凡直三□□　　73EJT33:24

三月己巳驛北亭長敞　（削衣）　　73EJT33:25

入金關所治日□　（削衣）　　73EJT33:26

縣爵里年姓各如牒　（削衣）　　73EJT33:27

勞臨事久不望見叩"頭"寒時願子文
毋行邑"關主出入人將嚴急耳目長願留"意
……　（削衣）　　73EJT33:28

敬君錢七百五

言（削衣）　　73EJT33.29

遺從者侯嘉（削衣）

73EJT33.30

河南安國里公乘丁□□

□□□□（削衣）

73EJT33.31

賤弟遷叩頭（削衣）　　73EJT33.32

十一月辛未出　□　　73EJT33.33

八月乙酉居延丞江移過

73EJT33.34

當井隧長（削衣）

□□□

73EJT33.35

□足下日見□（削衣）　　73EJT33.36

□□　得毋□□□

來記令譚得往即毋急（削衣）　　73EJT33.37

一石一鈞十三斤

斤積頭縣脣中

斤永光三年所伐　　73EJT33.38

朔戊午西鄉嗇夫彊敢言之利上里男子譚多自言欲爲家私市張掖酒泉郡中願以令取傳謹案戶籍臧官者多爵

毋官獄徵當得以令取傳謁移過所河津關毋苛留止如律令敢言之

居延令登丞未央移過所如律令

掾赦之守令史定佐殷

73EJT33.39

永光二年五月辛卯朔己未都鄉嗇夫禹敢言之始樂里女子惠青辟自言爲家私使之居延與
小奴同葆同縣里公乘徐毋方偕謹案青辟毋方更賦給毋官獄事當得取傳敢言之
五月己未刪丹長賀守丞禁移過所寫移毋苛留止如律令 ∕ 兼掾嘉令史廣漢

73EJT33:40A

刪丹長印

73EJT33:40B

黃龍元年六月辛未朔壬辰南鄉佐樂敢言之楊里
公乘泠□年廿歲小未傅爲家私市居延乏彭祖
告移過所縣道毋苛留 ∕ 六月壬辰雒陽守丞殷移過所毋苛留如律令 ∕ 掾良令史陽

73EJT33:41A

......

73EJT33:41B

73EJT33:41

·肩水候官初元四年吏卒一歲用食　度簿

73EJT33:42

■右第卅五車廿人

73EJT33:43

……九月壬辰居延令賢丞未央移過所如律令／掾忠令史昌

掾王居居延令屬丞未央移過所如律令貴掾也令大昌

73EJT33:44A+47A

居令延印　　73EJT33:44B+47B

印詣居延都尉府建始元年十二月丙辰　　73EJT33:45

建昭四年五月　　73EJT33:46

□有府籍牛封頭居延左尉印　　73EJT33:48

癸酉朔　　73EJT33:49

己丑赦令前……　　73EJT33:50

·肩水候官建昭三年吏卒被兵簿　　73EJT33:51+55

戊卒河東北屈陰平里公乘梁□□　73EJT33:52

小庸　73EJT33:53B

駟北亭卒李未央母稈婦　73EJT33:53A

甘露三年三月甲申朔丁亥張掖
家輸槖他廣地候官書到　73EJT33:54A

肩水千人印
三月戊子就家李幼君以來　73EJT33:54B

望松隧卒趙山自言貰賣官布　73EJT33:56A

青　73EJT33:56B

所撤日爲病書　73EJT33:57

初元三年六月甲申朔甲午南鄉守嗇夫義佐光敢言之　73EJT33:58

宛陬里張定年五十字方　車一兩黑犗牛齒十歲　73EJT33:59A

……　73EJT33:59B

□淳于光年十七　73EJT33:60

濟陰郡定陶傳里仁帶年十九歲　牛一　73EJT33:61

□去君孟請張君至
□復廋索□□□之　73EJT33:62

居延守令史公乘氾臨年　73EJT33:63

肩水金關　73EJT33:71A

六月辛卯食坐五分詬表□　73EJT33:69

□字伥　73EJT33:67A

離署部東候長肯不□主賤
飲食不能主賤意常悲奈　73EJT33:65B

□二年四月□□
□將卒六十人□　73EJT33:64

候長楊卿治所　73EJT33:70

初元四年十一月□　73EJT33:67B

雲詣官驗問對曰雲爲鄉佐輔爲隧長不便官　73EJT33:66

伏地再拜子紺足下善毋恙歲意
歲意不得小居食飲不主　73EJT33:65A

亭長圖付沙頭亭長賀　73EJT33:68

博博伏伏地伏地大夫夫奉奉奉奉
博□ （習字）　73EJT33:71B

察敢言之　73EJT33:72

肩水金關　73EJT33:73

肩水候官以郵行　73EJT33:74

金關伏地伏地伏地 （習字）　73EJT33:75A

癸卯卯卯卯 （習字）　73EJT33:75B

定陶□亭長第里公乘靳舍年卅四長七尺四寸黑色尉史恭入　73EJT33:76

毋官徵事當爲傳移所過縣邑毋何留敢言之

□□ 睢陽丞忠移所過縣邑毋何留如律令掾上葆令史建乘馬一四　73EJT33:77

□□□ 前居迫前未進及前酒進泉伏羌諸初迫言伏之倉嗇夫平　（習字）　73EJT33:78A

……尉前迫尉前尉死湯叩頭言有　73EJT33:78B

出南書三封

一封詣昭武
一封詣張掖庫　　十月乙酉蚤食卒世受莫當卒世
一封詣倉石候　　莫食付沙頭卒
其三封薛襃印
　　　　　　73EJT33:79A

□□□□

一封□□馬趙君糸
付官　十月乙丑日入莫
　　　　　73EJT33:79B

…… 年三月己亥朔丙子北鄉有秩福敢告尉□□□

…… 毋官獄徵事當取傳……

73EJT33:80A

□丞印　　　73EJT33:80B

十五　夜大半　夜過半　夜過半　雞前鳴　雞中鳴　73EJT33:81

卅步　得六　自如　負七　　73EJT33:82

戍卒河東蒲子陽阿里公乘郭得時年卅　字文　　73EJT33:83

戍卒河東蒲子上函里公乘謝詡年廿五　　73EJT33:84

淮陽＝夏中善里姚賞年廿七　三月庚午出　糴簿　73EJT33:85

延年里王壽年卅七軺車一乘馬一匹　73EJT33:86

河南偃師都里公乘畢彊年卅一　字次君車一乘驖牡馬一匹齒十二歲高六尺二　73EJT33:87

負鮑魚十斤　見五十頭橐敗　少三斤給過客　73EJT33:88

部界中不得慎毋忽忽如律令〼令史少□　73EJT33:89

南陽郡西鄂城南里公乘吳志年廿八長七尺二寸黑色　字子平　　／　　73EJT33:91

南陽郡西鄂城南里公乘吳志年廿八長七尺二寸黑色

大婢倩年十八　　73EJT33:90

肩水金關 T34:1—50

甘露二年二月庚申朔庚午居延令弘移□
縣界中令欲去書到案名籍　出冊　　73EJT34:1A

曹子元　　凡八人二月乙亥入
段中宗
崔子玉　　居延令印
夫人一
從者三人
奴一人　　二月乙亥曹子元以來　　73EJT34:1B

十一月甲□肩水候福敢言之謹
謁報敢言之　　　　73EJT34:2

九月戊子張掖肩水都尉弘
□□籍死診爰書會□　　73EJT34:3A

水　□都尉章
　九月己丑騂北
　　　　以來　　73EJT34:3B

申朔丁丑肩水候福移城尉
　　　　　　　73EJT34:4A

嗇夫去疾尉史光　　73EJT34:4B

馬二匹

馬二匹
　其一匹騮牡齒十四歲高六尺二寸
　一匹驪駮牡齒□□高五尺八寸　73EJT34:5

五鳳三年十二月癸卯朔庚申守令史安世敢言之復作大男彭千秋故陳留郡陳留高里坐傷人論會神爵四年三月丙辰赦
令復作縣官一歲十月十日作日備免爲庶人道自致謁移陳留過所縣道河津函谷關毋苛留止如律令敢言之
十二月庚申居延令弘守丞安世移過所縣道河津函谷關毋苛留止如律令掾守令史安世
73EJT34:6A

章曰居令延印　73EJT34:6B

代郡代乘里公乘趙得年卌九長七尺五寸・軺車□　73EJT34:7

居延佐廣都里公乘泠雲年卅　73EJT34:8

初元二年大大伏九月月　73EJT34:9+29

二直四千三百肩　73EJT34:10

付鰈得守令史俠憙應馬無斂文柱

以傳出者得人馬牛食穀毋過廿斗及田關外以符出者得以頃畝出　73EJT34:11

付鰈得守令史俠憙食傳馬爲刺史柱　73EJT34:12

長七尺二寸黑色　73EJT34:13

…… 73EJT34:14

肩水候官　73EJT34:15

戍卒河東蒲子好宜里公乘藥憙年廿四　73EJT34:16

二月庚寅食時九分馴北亭卒世付禁隧長禹　73EJT34:17

□年廿八 長七尺四寸黑色　73EJT34:18

以稾彊漢隧長　73EJT34:19

出穈一石八斗三升／　73EJT34:20

豪期二月朝旰而豪期二月其吉凶皆至　73EJT34:21

出穈二石　食□　73EJT34:22A

……　73EJT34:22B

食馹望隧長□　73EJT34:23

衣不堵以此知而劾□　73EJT34:24

□□治所　73EJT34:25

□食　73EJT34:26A

……　73EJT34:26B

敢言之　｜嗇夫去□　73EJT34:27

名蘭越騂北亭　塞　73EJT34:28

候官黃龍元年二月吏卒簿　73EJT34:30

□史陽廿五石　　孫子功三石　　簿米五十石
□□十二石五斗　焦□□□
□□卿二石　　　□□
73EJT34:31A+35A

五十□
五十　　73EJT34:32

□
……
□□□十五
□□□　常　承承
73EJT34:31B+35B

□年廿三長七尺五寸黑色　十二月庚寅入　十一月丁　73EJT34:33

□車蘭冠尺刀劍色　73EJT34:34A

□移簿行邊兵丞相史　73EJT34:34A

□卒史通書佐護　73EJT34:34B

劍一楯一　十月己丑入　六月癸卯出　73EJT34:36

建昭二年五月甲戌朔戊戌屋闌長尊守

建昭五年五月甲戌朔戊戌屋闌長尊守
廣成里□□□□□□□
　　　　　　　73EJT34:43

……劍一　　　73EJT34:42

……道津關當（削衣）
　　　　　　73EJT34:44

掾奉光屬遷（削衣）
　　　　73EJT34:41

嗇夫賀（削衣）　73EJT34:39

□書曰戍卒濟陰成武高里黃
……凡直千□□（削衣）
　　　　　　73EJT34:40

黑色　73EJT34:37

建昭五年五（削衣）
　　　73EJT34:38

□書伏地再 （削衣）

73EJT34:45

練六尺 丿 □□
皁一尺 丿 十

73EJT34:46

入詣表一通 十一月甲午日蚤食三分……

73EJT34:47

□九月奉 九月甲戌禽寇隧長武彊取

73EJT34:48

□□□□足再拜 （習字）

73EJT34:49

……年十一 黑色 □□十月□□入

73EJT34:50

肩水金關 T35:1—16

肩水金關　73EJT35:1

元始三年十二月吏民
出入關傳副券　73EJT35:2

水都尉政承謂過所遣泉亭長
者如律令／掾豊守令史登　73EJT35:3

牒得安邑里公乘張襄年卅七字子嚴　乘方箱車駕騩牡馬齒八歲　三月丙戌南兼亭長欽入　73EJT35:4

河南卷長里大夫張偃年廿五大七尺二寸黑色　　刀一　十月壬……　73EJT35:5

牛直四千將前負倉官錢今皆折馮奉□貧急毋它財物願請　73EJT35:6

□敢言之
移過所如律令　掾晏守令史漢　73EJT35:7

始建國元年八月庚子朔甲辰居延守令城騎千人　丞良□卅井　73EJT35:8

縣索肩水金關遺亭長程望　73EJT35:9A

……令史就　73EJT35:9B

車牛二兩　十二月丁酉出　73EJT35:10

河南郡雒陽東鞏里朱多牛　73EJT35:11

大奴宜……　廿　73EJT35:12

雒陽守丞脩移過　73EJT35:13

□兵簿　73EJT35:14

承弦一　臬長弦　稾矢□　73EJT35:15

大一王　・大吉小吉（削衣）
大王　・大吉小吉（削衣）　73EJT35:16

肩水金關 T37:1—1590

之謹移罷田卒名籍一編敢言之　73EJT37:1

肩水候官令史趙彭　□　73EJT37:2

歲高五尺七寸　十二月戊寅北嗇夫豐出　73EJT37:3A

□□　73EJT37:3B

毋官獄徵事謁□書嬰齊等
復傳入如律令敢言之　73EJT37:4

移過所縣道河津關遣令史孫仁□　73EJT37:5

鰈得成漢里吳捐之等十六人　73EJT37:6

□護移過所縣道津關遣丞高憙將轉肩水
掾明佐並　73EJT37:7

地守尉崇寫移　73EJT37:8

如律令　73EJT37:9

□寇隧卒謝賢　四石弩　73EJT37:10

令／掾成令史信　73EJT37:11

牛車一兩　丿　73EJT37:12

■右十月傳　73EJT37:13A

■右十月傳　丿　73EJT37:13B

田卒河南郡密邑西游□□年廿七　73EJT37:14

先就隧卒龐毋害　73EJT37:15

食虜下隧卒趙建十二月五日勮食　73EJT37:16

居延廣地里大夫白長壽年十二長五尺二寸黑色軺車一乘馬一匹　73EJT37:17+384

言之
移過所如律令　掾承□　73EJT37:18

大奴宗年卅八 、　長七尺五寸黑　73EJT37:19

□樂里左襄年十七　軺車一乘二月乙卯出
馬一匹騧牡齒七歲高五尺一寸　73EJT37:20

錢如牒書到出內如律令　73EJT37:21

建平三年二月壬子朔己卯中鄉嗇夫定守斗食佐受佐宣敢言之長安□□里男子□　73EJT37:22

□肩水金關遣吏
令　九月辛丑南佐音入　73EJT37:23A

｜守令史宏　73EJT37:23B

白錢卿今旦亭西　73EJT37:24A

囊絮累奈何　73EJT37:24B

□田同城寇軍望宛里公乘蔡放年卅三沰　九月　73EJT37:25

□守令史房
千人兼祿福長守丞沙頭尉章移居
　　……移縣索金
73EJT37:26

守長守尉獲行丞事移肩水金關卅井
千人兼祿福長守丞沙頭尉章移居
73EJT37:27

官從者居延西昌里……
誼從者居延利上里公大夫王外人年
元康三年九月辛卯朔壬子□□敢言之　　73EJT37:28A

印曰居延丞印　　73EJT37:28B

如律令
以小官印行候事謂關吏遣卒徐宣　　73EJT37:29

忠忠忠　　73EJT37:31

律令　掾陽令史竟
金關居延縣索關出入毋苛留敢言之　　73EJT37:30

居延令史薛宣
葆居延當遂里男子張武
軺車一乘馬一匹
十月　　73EJT37:32

居延卅井鄣候遣屬王宣案驗
兼掾賞屬蒲書佐政　　73EJT37:33

居延游徼左雲
馬一匹騧牝齒　　73EJT37:34

都尉君司馬莊行丞事以詔書增宏勞十二月廿四日　　73EJT37:35

軺車一乘
用馬一匹騩牝齒七歲高三尺八寸　　73EJT37:36

七音　子小男兼年十一歲
　　　　　牛車一兩／　73EJT37:37
‥‥‥

永始四年九月辛丑朔戊辰都鄉嗇夫恭敢言之三泉里男子□咸自言爲騎士從史何歆葆□□
　　　　　　　　　　　　　　　　　73EJT37:38

張掖封淺塞尉
二月辛未以來　　　　□
‥‥‥　　　　　　　　　73EJT37:39A

‥‥‥已□
□里年姓如牒書到出入
　　　　　　　　73EJT37:39B

□□□□大男張齊　／
　　　　　　　　　73EJT37:40

……

長王豐行書校郵書橐他界中……　73EJT37:41

維臨市里張年五十二　73EJT37:43

詣府　73EJT37:44

車一兩
用牛二頭　73EJT37:42

北界隧卒李初　73EJT37:45

肩水候官　　73EJT37:46

肩水候官　　73EJT37:47A

建始三年六月　　73EJT37:47B

肩水候官（檢）　　73EJT37:48

五鳳二年十一月己卯朔丁亥廣地候（觚）　　73EJT37:49A

齋十一月穀簿之府校檄到毋留止（觚）　　73EJT37:49B

第豐年廿八　　ノ　　八月乙亥北出　　73EJT37:50

掮次安昌里簿裹王租年十八　三月辛　73EJT37:51

放桃田檢有程放年爵如牒毋官獄徵事當得取傳謁移肩水
寅爨得都鄉嗇夫襃敢言之氐池常利里男子程放自言爲家私使　73EJT37:52

從者玉門臨泉里程不識年卅五　軺車三乘
用馬六匹　閏月辛卯北出　73EJT37:53

君數哀憐全命不忍　73EJT37:54

言之東脩禮里田忠自言田鱳得介在亭西二舍北□□
□律令　　掾竟令史豐　73EJT37:55

□補肩水中部候史以主領吏卒徼迹備盜賊　73EJT37:56

□虜隧長王豐以大刀刃擊傷中部守候長朱餘右肩　73EJT37:57

六十二　長七尺二寸黑色　車一兩牛二頭七月乙亥入　／　73EJT37:58

元延四年十一月丁丑朔乙未西鄉嗇夫竟佐政敢言之利貴里男子賈□
之張掖居延願以律取傳謹案□年姓如牒毋官獄徵事當得取　73EJT37:59

輅車一乘馬一四　字子師　皆十二月己酉入　73EJT37:60

河南郡緱氏縣東昌里大夫杜葆年卅五　　以九月出　　73EJT37:64

□解爵　　73EJT37:63

勝之隧卒郭禹　　　・　　73EJT37:62

□
……　即日嗇夫豐發
73EJT37:61B

□□□謁移卅井縣索肩水金關寫移書到出入
兼掾豐守令史宣佐恭　　73EJT37:61A

七尺二寸黑色　　五月丁亥出　　73EJT37:65

里公乘董資年卅六　長七尺二寸　　∫　　73EJT37:66

四月戊戌會水丞並移肩水金關居延縣索關寫移如律令∫掾□　　73EJT37:67

……

□十……所入……嚴武……及先置付莫當孫□從者欽　　73EJT37:68

年廿五

葆西鄉成漢里公乘張望年卅　車三兩

葆同縣敬老里公乘侯歆年五十　牛□頭　　73EJT37:69

鰈得關亭里公乘未央年□長七尺三寸黑色······

十月壬□入

元康三年八月辛酉朔□□□□□□□□□□□

73EJT37:70A

十六　73EJT37:70B

□□唐□年十二黑色長五尺　／　73EJT37:71

□□謹案□等皆毋官獄徵事當得取傳　73EJT37:72

······如律令　······　73EJT37:73A

居延令印　嗇夫錢白　73EJT37:73B

縣丞□□□ 如牒書到出入盡五月□□□ 止如律令　73EJT37:74

謹□東部候長　南部候長等□白言曰從正月以來　73EJT37:75

田卒濟郡定陶虞里大夫戴充年卅七　長七尺二寸黑色　有罪　ノ　73EJT37:76

河南郡河南平樂公乘史由年五十七歲　73EJT37:77

河南郡熒陽西都里公乘陰讓年十六長七尺二寸黑　以九月出　73EJT37:78

鰈得平利里公乘趙婢年卅六長七尺四寸黑色　車一兩　十
弓一矢卅
十二月戊寅出　73EJT37:79

居延都尉卒史朱賢年五十三　軺車一乘用馬二匹
一匹□□高五尺齒八歲
一匹騮牡齒十歲高五尺七寸　二月丙戌北出　73EJT37:80

橐佗卻適隧長孟冣妻忿年五十八歲黑色　男孫武　牛車一兩
十二月壬午出
男　十二月　73EJT37:81

廣漢隧長張霸　送佐胡敞候史蘇章詣府　五月八日入　73EJT37:82

平樂隧長毛武　葆子男鰈得敬老里公乘毛良年廿三丿　出入　三月癸丑北出
三月癸酉南入　73EJT37:83

毋狀罪當死當坐叩頭死罪死罪　73EJT37:84

署肩水候官驛十月中到肩水候官至十二月中從令史橋悟妻細君　73EJT37:85

孟君恩澤甚深厚叩頭死"罪"敢言之　73EJT37:86

水深一尺以上至二尺不可芳葦方日夜　73EJT37:87

符以牒書到出入如律令　73EJT37:88A

張掖廣地候印……　73EJT37:88B

九月丁未居延庫守丞長移過所如律令　掾音　73EJT37:89

道津關如律令／佐順　73EJT37:90A

章曰平淮左丞　73EJT37:90B

收責居延毋苛留止如律令　73EJT37:91A

□□□□□□　73EJT37:91B

女子張齋年五十　73EJT37:92

北部候長興　吏八人　主牛　73EJT37:93

□□□□　臨利里□□　正月壬寅入　73EJT37:94

完城旦徒樂官　／　九月辛酉北出　73EJT37:95

甘露元年十一月壬辰朔戊午廣地士吏護兼行塞尉事
敢言之謹移家屬出入金關名籍一編敢言之　73EJT37:96

建平三年六月壬寅　六月丁未北嗇夫□□出
張掖大守遣守屬趙誼驚戒肩水居延
以令爲駕一封軺傳

張掖大守業右部司馬章行長史
事丞咸謂䑛得以次爲駕如律令
掾敞屬奉書佐由丹　73EJT37:97

萬福隧　負一分半分　73EJT37:98

戍卒趙國柏人廣樂里公乘耿迎年卅五　73EJT37:99

□食張君所因宿　出十五荚十束　廿五日己卯發宿貧民渠口　73EJT37:100

昭武長壽里□□年廿黑色　73EJT37:101

氏池千秋里大女樂止年十一　73EJT37:102

棗他令史䑛得持心里公乘呂鳳年廿七　73EJT37:103

第男則年廿六　73EJT37:104

都內長孰漢成里大夫吳輔年　73EJT37:105

□普年卅七　爲家私市居延　73EJT37:106

平陵宜利里公乘韓則年卅五　73EJT37:107

長七尺二寸黑色牛車一兩　73EJT37:108

職事毋狀罪當　73EJT37:109

耀得萬金里簪王殷年卅長七尺　73EJT37:110

里石襃　馬一匹　73EJT37:111

盡五月二月止　73EJT37:113

爵三年九月戊戌朔辛酉佐忠敢言

……　73EJT37:112

·右第三十人　73EJT37:114

西部候長元　吏三人　主□　73EJT37:115

□西里公乘李忠年卅七　73EJT37:116

臨澤隧卒陳後　73EJT37:117

戍卒昭武對市里簪裹賈音年廿　　73EJT37:118

□□死過得令至今□　　73EJT37:119

出錢八百七十　丿以給庫嗇夫馬始昌　　73EJT37:120

嘉守令史放　　73EJT37:121

□卒賈黨買白布　　73EJT37:122

方相車一乘　□□　　73EJT37:123

不相見戍不知亡卒　　73EJT37:124

□樂年卅三　　73EJT37:125

淮陽國戍卒苦會里官□　　73EJT37:126

用牛一頭　～　　73EJT37:127

歲長七尺二寸　丿　　73EJT37:128

都倉置佐程譚　葆屋蘭大昌里趙勤年卅八　十二月癸亥北嗇夫豐出已入　　73EJT37:129

ノノ 給送寇隧長任尚正十五日盡二月奉　　73EJT37:130

五月戊寅食都倉傳馬送□部丞付置佐魯卿　　73EJT37:131

將車河南絢氏薪里大夫李我年廿七長七尺二寸黑色　牛　　73EJT37:132

□西道里賈良年十四　三月戊辰南嗇夫豐入　　73EJT37:133

治所毋留　｜關佐通　　73EJT37:134

囊他守尉延陵循　葆從者居延　　73EJT37:135

對府　十月己酉入　　73EJT37:136

六月乙卯出　　73EJT37:137

已出入　73EJT37:138

建平元年十一月丁　73EJT37:139

□長弘移過所遣假佐耐逐事酒泉張掖郡中與從者溫千秋里張杜俱乘馬一匹軺車　73EJT37:140

祿福　73EJT37:141

建平四年正月家屬出入盡十二月符　　□年十三　用馬二匹　　常年五歲　73EJT37:142

建守□□正月戊辰居延□書大守□史□　73EJT37:143

元延三年三月丙辰朔甲子肩水守城尉計　73EJT37:143

□謁移肩水金關如律令敢言之　73EJT37:144

南書□封　其一封居延都尉章詣大司農府　73EJT37:145

廣北月恒寫病□費

廣地候官寫傳肩　73EJT37:146A

盡十月十日己未　73EJT37:146B

皆非亡人命者當得取偃檢父老尹襃證謁移居延□　73EJT37:147+417

留北豎人新者蕭海乘應檢父老尹襃證謁轉兆庾

綏和二年閏月丁酉朔乙丑　73EJT37:148

留北豎二年望弖弋酉朔弋丑

馬一匹皆月四□　73EJT37:149

馬一匹皆月四

□行宿淠上　廿六日庚辰發宿貧民落　出四買餎
衆人共貸其餘　73EJT37:150

亖宿淠上
廿亖庚辰發宿貧民落
出四買餎
衆人共貸其餘

癸未都鄉有秩佐忠敢言之廣成里男子閻憲自言爲居延就謹案憲毋官
移過所……　73EJT37:151

未都鄉有秩佐忠敢言之廣成里男子閻憲自言爲居延就謹案憲毋官

建平元年正月甲午朔戊戌北部候長宣敢言之謹移部吏家屬符
謁移肩水金關出入如律令敢言之　73EJT37:152

建平元年正月甲午朔戊戌北部候長宣敢言之謹移部吏家屬符

•最居延司馬從君輩
凡五十四人　牛
軺車廿三乘　□
馬廿七匹　73EJT37:153

家　居延司馬從君輩
凡五十四
牛
馬廿匹

子女⋯⋯　牛車一兩⋯⋯
子女姊年四
子公士隆年
73EJT37:154

⋯⋯
金城里寇戎年十八
⋯⋯
73EJT37:155

地節四年正月壬午朔甲申南鄉佐建敢告尉史東榆里石壽爲
73EJT37:156

⋯⋯年爵里如書毋官獄徵事當爲取傳寫移往來百廿日謁移過所縣邑道上津關門亭毋留
二月庚午陽陵令　守丞勳　移肩水金關□□□
73EJT37:157

□日勒女子專真自言迺甘露四年與
73EJT37:158

黑色　牛車一兩弩一矢五十
十月己卯　步入
癸酉出
73EJT37:159

建平二年十一月甲申朔己酉守令史長敢言之平明里男子
□□□□願以令取傳與□俱謹案
73EJT37:160A

居延丞印ノ善恙　73EJT37:160B

建平三年十一月戊申朔乙亥居延令彊□
游徼徐宣送乞鞫囚祿福獄當　73EJT37:161A

居令延印□　73EJT37:161B

明鄉嗇夫放段佐玄敢言之□
事當得取檢謁移居延□　73EJT37:162

即日薄關　73EJT37:163A

……水
□出入盡十二月止　73EJT37:163B

建始五年三月辛朔乙巳令史譚敢言
軺車一乘謁移過所縣道河津關毌苛　73EJT37:164

……敢言之
守丞右尉尊移過所寫移書到毌何留　73EJT37:165

子小男良年三　收責橐他界中　73EJT37:166

積二人=一食北　73EJT37:167

令
肩水關嗇夫豐以小官印行　73EJT37:168

｜掾延年令　73EJT37:169A

居延丞印　73EJT37:169B

□入如律令敢言之　73EJT37:172

平陵義成里朱況年卅字子舉　73EJT37:170

正月廿一日駿以來　73EJT37:174

家私使至□　73EJT37:173

四月庚辰出　73EJT37:171

橐他置佐昭武便處里審長　妻大女至年卅五　牛車一兩

建平二年家屬符　子小女侯年四　用牛四頭

子小男小奴年一歲

73EJT37:175

橐他□望隧長□□

建平四年正月家屬出入盡十二月符

弟大男□年廿　牛二頭

弟婦始年廿

子小女倩卿年三歲　車一兩

73EJT37:176

建平四年正月家屬符出入盡十二月　男□年二

葆弟昭武宜春里辛昌年廿四歲

73EJT37:177

橐他□□□昭武宜春里隆永

妻大女陽年卅　牛車一兩

子小女頃間年一歳　用牛二頭　73EJT37:178

……

長叔孫婦執事坐前善毋恙頃□

73EJT37:179A

□幸幸……

73EJT37:179B

元康三年橐他□

□□□□　73EJT37:180

□襃叩頭白

上子賢坐前願煩幸爲治　73EJT37:181A

時□爲今相見不一「」二　73EJT37:181B

延＝水丞就迎鐵器大司農府移肩水金關□□　　73EJT37:182A

……

君前　嗇夫豐　　73EJT37:182B

居延司馬所迫□未及坐前叩頭謹使吏奉謁　　73EJT37:183＋188

居延□丞所□馮村司□□□肩門與□謹□友奉□　　

居延丞從史青　　73EJT37:184

□□□□□　　元延四年二月甲戌除　　73EJT37:185

年廿五　　73EJT37:186

車一兩牛二頭　□　　73EJT37:187

□□游……黑色年卅八長七尺二寸　　73EJT37:189

雒陽□里錡晏年卅七　乘大車　　73EJT37:190

關居延縣索出入毋苛留止敢言之　□　73EJT37:191

大車一兩　ノ　用牛一黑犗齒八　73EJT37:192

牛車一兩
弩一矢五十　二月己酉出　73EJT37:193

給始安隧長趙禹七月奉　73EJT37:194

□□□□□□叩頭白　73EJT37:195

輂車一乘
馬一匹　73EJT37:196

□令史成故自言遣所葆爲　73EJT37:197

□□長四尺五尺
二牛六頭　73EJT37:198

□犁金凡八枚輸居　73EJT37:199

齒五歲　六尺一寸ノ　73EJT37:200

元始二年閏月丁卯肩水金關嗇夫□□□□□□□　73EJT37:201

鳳四年三月乙卯橐他候□□　　73EJT37:202

辛巳北出　　73EJT37:203

朔甲辰肩水關　　73EJT37:204

延庫以　　73EJT37:205

甯中孫　　73EJT37:206

居延都尉從史□　　73EJT37:207

車一乘馬二匹　　73EJT37:208

告歸平陵　　73EJT37:209B

張掖廣地候□　　73EJT37:209A

……追載鼓呼言北□出　　73EJT37:210

南□歸更封　　73EJT37:211

□肩水金關□□　　73EJT37:212

名縣爵里年姓如牒　　73EJT37:213A

□□發　　73EJT37:213B

肩水金關　　73EJT37:214

□□舍中兒子起居得毋　73EJT37:215A

叩"頭"謹因□□□　73EJT37:215B

橐他殄虜隧　73EJT37:216

建平二年五月丙戌朔甲寅　73EJT37:217

□□□

凡吏□□人　其十三　卅三　73EJT37:218

願令史□　73EJT37:219

居延丞印　73EJT37:220

六尺　十　73EJT37:221

□餔食入　73EJT37:222

常制日可孝元皇帝初元四年十一月丙午下　73EJT37:223

戍卒隱強廣里公乘涼臨年廿五　已出　／　73EJT37:224

充漢葆屋蘭千秋里蘇仁年十五　73EJT37:225

居延都尉丞主簿孫誼　73EJT37:226

居延右尉張賜　73EJT37:227

月丁丑北嗇夫豐出　73EJT37:228

候長廣宗等送　73EJT37:229

十二月壬申北候史丹出　73EJT37:230

戍卒趙國□陵萬歲里士伍　73EJT37:231

山都孝里舒連　／　73EJT37:232

相史當之居　73EJT37:233

如律令／掾登令史光　73EJT37:234

□　十一月己丑□　73EJT37:235

出脂少半斤　73EJT37:236

𥷚得男子富昌里□　73EJT37:237

三月十日開戶　73EJT37:238

□他界中名縣爵　73EJT37:239

樂哉隧卒徐萬人　73EJT37:240

田卒河南郡密邑宜年里王捐年　73EJT37:241

肩水都尉卒史賈卿　73EJT37:242

廣地候長蘇得妻𥷚得孝仁　73EJT37:243

南書三封張肩塞　73EJT37:244

■右十二月致　73EJT37:245A

居令延印　□□□　73EJT37:246A

滎陽賈里公乘　73EJT37:247

甲子居延城倉長　73EJT37:248

地界中盡十二月　73EJT37:249

戍卒趙國邯　73EJT37:250

如律令　□□　73EJT37:246B

先就隧卒宋生　73EJT37:251

醫診治敢言之　73EJT37:252

□里大夫趙利親年廿三長七尺　73EJT37:253

北部候長毛宣　73EJT37:254

尉　二封詣□　73EJT37:255A

……　73EJT37:255B

車二兩　二月癸巳出　73EJT37:256

黨與五萬吏捕斬強□□　73EJT37:257

居攝元□　73EJT37:258

鴻嘉四年九月甲午朔戊申□　73EJT37:259

居延髡鉗徒大男王外　73EJT37:260

所葆收責橐　73EJT37:261

今餘蘭百六　73EJT37:262

廿五日庚戌　73EJT37:263

□里公乘王豐年卅八

妻君

弟男□

弟□

73EJT37:265

安世年卅九長　73EJT37:266

□豐寫移如　73EJT37:264

郡宛句義陽里大夫晉橫年卅　長　73EJT37:267

□置宣其中幸甚　73EJT37:268A

□辤幸買　73EJT37:268B

車二兩

十一月丙辰出　73EJT37:269

□伯坐前敢言　73EJT37:270A

□敢言之□　73EJT37:270B

與妻子居官今得遷　73EJT37:271

五鳳四年八月己亥朔癸丑□

□如律令／佐順　73EJT37:272A

印曰酒泉左農　73EJT37:272B

元延元年六

收責橐他名縣　73EJT37:273

辛卯南入　73EJT37:274

元延元年八月乙未朔
候官當舍傳舍從者　73EJT37:275

元延三年九月甲寅朔
簿書與府五官掾　73EJT37:276A

居延左尉　73EJT37:276B

司馬贏員
令　73EJT37:277

毋苛留止敢言之
令／掾玄之令史定□　73EJT37:278

初元四年十月丙午朔己巳西鄉□
爵不更年十六歲毋官獄徵
十月辛未居延令　73EJT37:279A

秦賢私印
十二月　庫佐□　73EJT37:279B

子小女□年三歲
子小女來卿年二歲
弟小男音年十八
……

□里程昭年廿八

小奴滿
牛車一兩用牛二頭
軺車一用馬二匹　73EJT37:280

界候長□司馬　73EJT37:281

六月乙巳角得長
到如律令　73EJT37:282

……
十二月丁亥南候史□　73EJT37:283

徵事當得以律取傳謁移過所河津
留居延令丞建移過所如律令　73EJT37:284

子庫丞常移過所縣道津關
舍傳舍從者如律令　73EJT37:285

□　73EJT37:287B

建平二年六月丙辰朔辛未□　73EJT37:290A

□嗇夫常　73EJT37:292A

□牒書到出入如律　73EJT37:294A

豐葆　子男
□□　73EJT37:297

鰈得騎士孝成里樊　73EJT37:286

敦黃酒泉張掖武□　73EJT37:288

張掖□□　73EJT37:290B

令史武　73EJT37:292B

即日出　73EJT37:294B

從孫長　73EJT37:295

□男子□
□□□
□葆同縣誼□里男子李□　73EJT37:298

事當得以令
□□以私印行事庫□　73EJT37:287A

予父母歸居延唯廷　73EJT37:289

鰈得敬老里公乘□□□　73EJT37:291

石弩　73EJT37:293

右游徼慶賢里　73EJT37:296

右第卅六車廿人　73EJT37:299

纍得宜興里賈武年五十二　　73EJT37:300

□如律令　　73EJT37:301

詣府□　　73EJT37:302

建平三年九月戊申朔戊申居延令彊守丞宮移過所縣道津關遣亭長杜武收流民　　73EJT37:303

市陽里公乘李武年卅八　　73EJT37:304

□叩頭死罪死罪　　73EJT37:305

戍卒濟陰　　73EJT37:306

□同年廿二　　73EJT37:307

南嗇夫豐入　　73EJT37:308

戍卒昭武便處里士伍犂□年　　73EJT37:309

□至駮南亭□　　73EJT37:310

十月壬午北嗇夫豐出　　73EJT37:311

綦毋豐　　73EJT37:312

□豐出　　73EJT37:313

馬齒八　　73EJT37:314

居延　　73EJT37:315

□橐他界中□□　　73EJT37:316

□張焉年卅六　73EJT37:317

□□南河□　73EJT37:318

滎陽□里賈罷軍　73EJT37:319

□月辛未北亭長　73EJT37:320

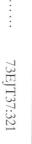

□朔丁丑……　73EJT37:321

□年廿五　73EJT37:322

城騎千人臨　73EJT37:323

關　73EJT37:324

嗇夫　73EJT37:325A

之□　73EJT37:325B

與勝　73EJT37:326

卅九　73EJT37:327

內黃東□里宋意年廿七　73EJT37:328

……
祿丸一匹　73EJT37:329A

……
出五百八十□
出百五十□　73EJT37:329B

……唐里公
……□驗問□　73EJT37:330

且以淳□□　73EJT37:331

自受　將卒　73EJT37:332

七月奉食　73EJT37:333

□賈昌年廿四　73EJT37:334

斗　73EJT37:335

乘車一兩牛二頭　73EJT37:336

安昌□里□初　73EJT37:337

┃掾宗守令史護　73EJT37:338

□里公乘丁尉年　73EJT37:339

上年五歲長　73EJT37:340

□令□　73EJT37:341A

六月戊子亡　73EJT37:343

□弦二蘭　73EJT37:341B

月戊寅南入　73EJT37:342

□大夫並爲居延殄北士吏　73EJT37:345

官印行候事謂　73EJT37:346

出入關符如牒　73EJT37:344

官印行候事謂

□移卅井　73EJT37:347

吳德　／　73EJT37:348

出入　73EJT37:349

……
長五尺黃色卩
73EJT37:350

千秋里任章年卅八　73EJT37:351

里大夫董護　廿四黃色　73EJT37:352

牛車一兩　十二月丙申入　73EJT37.353

□居延界中謹案業印等　73EJT37.354

廿六日辛亥食張君游□　73EJT37.356

鰈得步利里孔德年□　73EJT37.357

七月甲申居延丞忠移過所如律令　73EJT37.358

歲高六尺　73EJT37.359

傳　73EJT37.360A

□　73EJT37.360B

葆河南都里廉望　□　73EJT37.361

陽□□里□□□　73EJT37.362

□□□關□□不敢忽　73EJT37.363A

□□□□□□□所及　73EJT37.363B

□民□□一軍□□事

□敢言之至四年□　73EJT37.364

乘驪牝馬齒十二歲高五尺九寸□　73EJT37.365

鰈得敬里鄭　73EJT37.366

縣邑侯國如律令　□　　73EJT37:367

戍卒陳留郡外黃□里公乘李□年卅七　　73EJT37:368

元康三年五月中出　　73EJT37:369

小女來卿年二歲卩　　73EJT37:371

黑色　丿　　73EJT37:370

□昌百□□□□　　73EJT37:372

□□□十二月丙午朔丙寅尉史誠敢言之林育　　73EJT37:373A

……德……　　73EJT37:373B

章日庫丞印　　73EJT37:373B

□　食　（習字）　　73EJT37:374A

五　（習字）　　73EJT37:374B

十二月戊辰入　　73EJT37:375

□乘常終相年卅五□　　73EJT37:376

□欲取傳爲外家傳親利　　73EJT37:377

□□□□過所□□□

十二月壬申南嗇夫豐入　　73EJT37:378

□往卅餘歲家屬姚

……

73EJT37:379

案並毋官獄徵事謁　73EJT37:380

生年卅二爲家私使之　73EJT37:381A

張□尉□　73EJT37:381B

泉水章□　73EJT37:382A

丞　73EJT37:382B

□年卅五□　73EJT37:383

四尺五寸青色　73EJT37:385

□□□之臢得移年長物色　73EJT37:386A

十二月戊子□　73EJT37:386B

五尺八寸　七月　73EJT37:387

……三月己巳　弓一矢一發　73EJT37:388

際得敬老里公乘

臢得敬老里公乘

元延二年正月辛酉　73EJT37:389

其廿九人吏

•凡六十一人□百五十六軺車廿三　73EJT37:390

□酉張掖居延⸗水□□　　73EJT37.391

居延都尉守卒史定軍　　73EJT37.392

從者居延雜里官大夫　　73EJT37.393

□里不更孫□　　73EJT37.394

留止如律令　　73EJT37.395A

□以來　　73EJT37.395B

□□以功次遷　　73EJT37.396

尉史桓賢在都倉以次行　　73EJT37.397

□年三月庚午朔癸酉東□
……　　73EJT37.398

里男子王則年卅四　　73EJT37.399

□私使張掖郡居延界中謹案延年
……　　73EJT37.400A

甘陵丞之印　　73EJT37.400B

居延丞　　73EJT37.401A

……與立俱之官謹□
……　　73EJT37.401B

車二兩十一月己酉□出□

牛二頭　　73EJT37:402

長七尺四寸黑色四月　　73EJT37:403

掾豐令史譚　　73EJT37:404

河南宜成里王葆年卅　　73EJT37:405

□出來復傳入如律令　　73EJT37:406

死叩頭死罪死罪　　73EJT37:407

田卒河南郡密邑發武朱宗年卅五　　73EJT37:408

六尺一寸一匹□牝齒八歲高六尺君功買

……　　73EJT37:409

□月丙申朔

□爵里年　　73EJT37:410

鰈得高平里士五趙相年卅三　　73EJT37:411

吏有牛馬者　（觚）　　73EJT37:412

關嗇夫常　　73EJT37:413

□年十七歲長七尺二寸步入□　　73EJT37:414

關豐　　73EJT37:415

□齒七歲　不　二月丙辰出

五歲　　□　　73EJT37:416

居延龍起里男子龐並　軺車

馬一匹　　73EJT37:418

居延守令史竇彭　73EJT37:419

……

移過所郡縣門亭毋留止如律　73EJT37:420

可以爲中初元不知願　73EJT37:421

廣地守候番和尉常移金關遣□北□　73EJT37:422

所占用馬一匹軺車一乘　73EJT37:423

大車一兩　73EJT37:424

廣□申漢番仙討募多程限整□北□　73EJT37:422

言之八月辛卯茂陵令守左尉循行丞事移居延移　73EJT37:425

□等日脩成里男子章平自言欲取傳爲　73EJT37:426

史章敢言之大昌里

□毋官獄徵事當得　73EJT37:427

張忠送死罪囚□□□□□　73EJT37:428

永始三年三月己酉朔　73EJT37:429

願卿幸哀　73EJT37:430

鑠得壽貴里公乘徐奴年卅三　73EJT37:431

自言章容……　73EJT37:432

·右第九車十人　73EJT37:435

九月癸未北出　73EJT37:433

□□□田張掖郡□　73EJT37:434

□自言乘牛車一兩牛二謁　73EJT37:436

丙戌西鄉有秩□□□　73EJT37:437

隧長杜鳳敢言之負累　73EJT37:438

73EJT37:439

二石　臨蕾來□□
……（習字）　73EJT37:440A

五小麥三石五
出小麥……　73EJT37:440B

□□□　73EJT37:441A

□□

73EJT37:441B

□鄭護永始三年正月山□□

73EJT37:443

願以令取傳謹案客子戶籍臧鄉者

□□

73EJT37:442A

□□亭長□□□

73EJT37:444

……

73EJT37:442B

……

73EJT37:445A

來

尉

73EJT37:445B

年三月丁亥朔丙申

□□□如牒書

73EJT37:445A

元延三年八月甲申朔庚戌都鄉有秩□佐武敢言之男子

73EJT37:446

……

年三月甲子居延都尉湯丞嘉謂□

73EJT37:447

色

車□兩牛二頭　七月丁亥入

　　　　　　　　　□　73EJT37:449

出黃粱米一斗一　其□□　建始三年三月丁未置佐親

73EJT37:448

亭長范勳逐殺

□守丞宮移過所縣

□中當舍傳舍從者

／兼掾豐令史譚佐業　　73EJT37:450

□安守長丞忠移過所肩水金關居延縣索關冥安　　73EJT37:451

田卒河南新鄭富里公乘孫章年廿九　　73EJT37:452

……

73EJT37:453B

建平元年十一月壬子居延守令城騎千人□

……　　73EJT37:453A

捕虜隧長昭武久長里公乘朱雲年卅五對府　　73EJT37:454

□肩水里李音卅六歲字子上乘軺車駕姚華牝馬一匹齒九□　　73EJT37:456

段順大婢織綈長七尺　　73EJT37:455

鄉有秩順敢告尉史廣德里左□　73EJT37：457

……
谿東隧卒東郡博平市南里　73EJT37：460

十二月奉　73EJT37：463

居延殄北令史陽里公乘蘇□　73EJT37：465

……　73EJT37：467B

肩水金關　73EJT37：469

榮陽春陵里公乘張福年六十三字□　73EJT37：458

……　三□□　73EJT37：461

廣地候況移　73EJT37：464A

肩水候史傅武　73EJT37：466

茂陵敬老里王臨字游君　73EJT37：468A

齊郡鉅定广里不更宿延　73EJT37：470

候長程忠　73EJT37：459

占用馬□驛牝馬齒十歲　73EJT37：462

□　令史　73EJT37：464B

肩水金關　73EJT37：467A

之
丞印　73EJT37：468B

……
□自言為家私使　73EJT37：471

其一匹齒七歲高五尺八寸
□歲高五尺八寸　二月□　　73EJT37:472

王□報□卿　□□　　73EJT37:473A
□之□□　　73EJT37:473B

□□□□□卒□□　　73EJT37:474

□出入如律令　　73EJT37:475

山里公乘常襄年卅二　初除詣府入□□　　73EJT37:476

襃守令史充　　73EJT37:477

出錢六十　□□儀□　　73EJT37:478

□□□□里蔡□字君□　　73EJT37:479

庚寅朔己亥張掖居延
□舍從者如律令　　73EJT37:480A
都尉　　73EJT37:480B

見將車□
正月壬辰入　　73EJT37:481

□里于破胡年卅八□　　73EJT37:482

□叩頭
□馬當立　　73EJT37:483A
□頭 "馬小
□金關　　73EJT37:483B

子男壽年十三
四月庚午出　　73EJT37:484

·一以給隧長某卒某日　　73EJT37:485A

言之急□知……　　73EJT37:485B

屬南郡故順陽　　73EJT37:486

之謁移□□□　　73EJT37:487

弟齋年七歲

作者鱳得孝□　　73EJT37:491

卒黨　　卩

□□□　食時卒猛受莫當卒□□　分　　73EJT37:489

□廣地　　73EJT37:490

……

□月□申出

□月癸巳入　　73EJT37:488

廿一吉可以行作所求得　　73EJT37:492

苟留止如律令□　　73EJT37:493

□律令　　73EJT37:494

綏和二年四月　　73EJT37:495A

□以　　73EJT37:495B

□鱳得益昌里丁□　　73EJT37:496

罰如律移四時舉　　73EJT37:497

晦日積千二百六十日□　　73EJT37:498

昭武安定里楊充　　73EJT37:499

元延三年八月甲申朔壬　　73EJT37:500

□主簿樂君　　73EJT37:501A

死罪罪忽　73EJT37:501B

殄虜隧長猛　73EJT37:502

□□□　73EJT37:503

陽夏□□里陳奉親　73EJT37:504

□□□子朔乙酉□
居延……　73EJT37:505

□五月中　73EJT37:506

□□　73EJT37:507

四石〜　73EJT37:508

橐他候□　73EJT37:509

吏十人　　民十人
卒五百五十一人　凡五百
朔甲　73EJT37:510

居延都尉　73EJT37:511A

尉丞死"罪"　73EJT37:511B

□自取　73EJT37:512①

朔甲　73EJT37:512②

陰阪　73EJT37:513

二月壬申出　73EJT37:514

居延延　73EJT37:515A

□□叩頭死　73EJT37:515B

延都尉□　73EJT37:516A

死罪"九月丙午　73EJT37:516B

葆繇□
立妻大　73EJT37:517

□盡　73EJT37:518

73EJT37:519A

地節三年六月丙戌朔甲辰尉史延年敢言之遺佐廣齎三老賜名籍對大守府會輜車一乘牛一與從者平里紀市俱謁

移過所縣道河津關毋苛留止敢言之

六月甲辰居延丞延年移過所縣道河津關毋苛留止如律令／掾延年佐長世

73EJT37:519B

章曰居延丞印

六月壬子以來

73EJT37:520A

神爵四年三月丙寅朔辛巳居延丞奉光移肩水金關都尉府移肩水

候書曰大守府調徒復作四人送往來過客今居延調鬼新徒孫

73EJT37:520B

居延丞印

正月壬辰董敞以來

五鳳元年六月戊子朔己亥西鄉嗇夫樂敢言之大昌里趙延自言爲家私使居延與妻平子小男偃登大奴同婢㯍緑謹案延
平偃登便同緑毋官獄徵事當得取傳乘家所占用馬五匹軺車四乘謁移過所肩水金關居延毋苛留如律令／掾賢守令史友
六月己亥屋蘭守丞聖光移過所肩水金關居延敢言之

73EJT37:521

居延都尉卒史居延平里徐通大奴宜長七尺黑色髡頭　十一月丙辰出
五鳳元年十月丙戌朔辛亥居延守丞安世別上計移肩水金關居延都尉卒史居延平里徐通
自言縣之隴西還買鰈得敬老里丁韋君大奴宜今踈書宜年長物色書到出如律
令

73EJT37:522A

印曰居延丞印
十一月丙辰佐其以來

73EJT37:522B

五鳳二年二月甲申朔壬戌驟鄉嗇夫順敢言之道德里周欣自言客田張掖
郡觻得縣北屬都亭部元年賦筭皆給謁移觻得至八月□檢
二月辛亥茂陵令　守左尉親行丞事　掾充

73EJT37:523A

五鳳二年二月甲申朔壬戌驟鄉嗇夫順敢言之道德里傳欣自言客田張掖
郡觻得縣北屬都南部元年賦筭皆給觻得至八月□檢
二月辛亥茂陵令　守左尉親行丞事　掾充

茂陵左尉

73EJT37:523B

五鳳三年十月甲辰朔癸酉西鄉嗇夫安世敢言之隴西＝始昌里知實自言以令占田居延以令予傳與大奴謹從者平里季奉
家市田器張掖武威金城天水界中車一乘馬二匹謁移過所河津關毋苛留止如律令
十月癸酉居延令弘守丞安世移過所如律令　掾忠佐定
敢言之

　掾忠佐定

73EJT37:524

永光三年十一月壬午朔丁未酒泉北部千人禹移過所河津關遣葆平陵宜利里韓則年卅五杜陵華陽里
公乘呂義年廿九乘軺一乘牡馬一匹之居延收責毋苛留如律令

元康三年土月五午朔丁未酒泉北部千人禹移過所河津關遣葆平陵宜利里
無旦羨年廿九乘軺車一乘杜陵華陽里

73EJT37:525

永光四年六月己酉朔癸丑倉嗇夫勃敢言之徒故潁川郡陽翟宜昌里陳犬永光三年十二月中坐傷人論鬼新會
二月乙丑赦令免罪復作以詔書贖免爲庶人歸故縣謁移過所河津關毋苛留止縣次贖食

73EJT37:526

河平四年七月辛亥朔庚午西鄉有秩嗇夫誼守斗食佐輔敢言之中安男子楊譚自言欲取偃
檢與家屬俱客田居延界中謹案譚等年如牒皆非亡人命者當得取偃檢父老孫都證謁移居延如律令
敢言之七月癸酉長安令右丞萬移居延如律令　　　/掾殷令史賞

73EJT37:527

元延元年九月乙丑朔丙戌肩水千人宗移過所遣從史趙放爲私市居延
當舍傳舍從者如律令

73EJT37:528

元延二年四月壬辰朔丙辰守令史長敢言之表是安樂里男子左鳳自言鳳爲卅井塞尉犯法
論事已願以令取致歸故縣名籍如牒謁移卅井縣索肩水金關出入如律令敢言之

73EJT37:529

建平四年正月丁未朔庚申西鄉守嗇夫武以私印行事敢言之昭武男子孫憲詣鄉自言願以律取致籍
憲毋官獄徵事當得以律取致籍名縣如牒唯廷謁移卅井縣索肩水金關出入如律令敢言之三月辛酉北嗇夫豐出　73EJT37:530

六月乙亥居延令憲守令史承祿行丞事敢言之
函谷關謹寫移敢言之／佐安世　73EJT37:531

陽卿致以十二月庚寅入

子使女□□年十四　劉莫且年廿五
子使男誼年八　從者衛慶年廿四
子使女聖年四　凡六人　73EJT37:532

元年三月癸巳朔乙巳安定左騎千人況□　73EJT37:533A

□□□　73EJT37:533B

水廷隧次行　73EJT37:534

盡六月奉用錢萬八千□　73EJT37:535A

羌羌對以肩

彊兼行丞事　　73EJT37:535B

鰈得安國里公乘李鳳年卅ㄥ　□　　73EJT37:536

葆俱之角得對大司空史願　　73EJT37:537

橐佗斬首隧長桓憲　　子女華置年□

子男□子　　73EJT37:538

□年卅一　方箱車一乘　　73EJT37:539

□金關文書方逐案効　　73EJT37:540

入還絮錢六百八十……　　73EJT37:541

自言爲家私　　73EJT37:542A

□□　　73EJT37:542B

□大刀一　六月乙□　　73EJT37:543

□□書治所往來行書□　　73EJT37:544A

□鳳　・一人一札□　　73EJT37:544B

司寇大男楊廣年廿五黑　73EJT37:545

公乘□□□　73EJT37:546

肩水司馬令史居延鞮汗里　73EJT37:547

從史居延安樂里大夫李立年廿　73EJT37:548

到如律令　73EJT37:549

田卒梁國睢陽斜陽里謝姓□　73EJT37:550

年卅五長七尺三寸　黑色　73EJT37:551

乘方相車駕騤牝馬　73EJT37:552

居延完城旦徒大男□　73EJT37:553

□市陽里盧侯忠□　73EJT37:554

……
□之敢言之　73EJT37:555A

昜昜昜昜□　73EJT37:555B

□方陽里家華奉□　73EJT37:556A

□高勤上　□□□
里□□再□□□　73EJT37:556A

□事一蕃
□三歲
年一歲　73EJT37:557

□爲部橐□　73EJT37:558

□年廿四　ノ　六月丁　73EJT37:559

平樂隧長姚況請卒　73EJT37:560

建平元年八月□　73EJT37:561

戍卒趙國襄國下廣里公乘耿□　73EJT37:562

年卅九長七尺四寸黑色　73EJT37:563

河南郡新鄭侯利里公乘江□　73EJT37:564

十四日己卯食君游所因宿　73EJT37:565

病卒橐他廣地界中名　73EJT37:566A

肩倉　73EJT37:566B

車牛一兩　二月癸巳出　73EJT37:567

出百卅就上北部　73EJT37:568

……□　73EJT37:569

五斗　73EJT37:570

緱氏閭里吳彊年　73EJT37:571

十一月甲辰□　73EJT37:572

張掖觻得□
　□□　73EJT37:574B

觻得獄丞　73EJT37:575B

□始三年七月……　73EJT37:576

……移肩水金關
如律令　73EJT37:577

建平三年正月甲午以久次除補肩水　73EJT37:579

□□　傳謹案戶籍
　　　河津關毋苛留止
□竟兼行丞事　73EJT37:573

三月甲寅觻得長福　獄丞護兼行丞事謁移如律令　73EJT37:575A

□□□
□□如牒書　73EJT37:574A

遷補千　73EJT37:578

大夫宋善年廿長七尺二寸黑色乃　73EJT37:580

初元三年十月壬午朔乙巳都鄉嗇夫□□□

73EJT37:581

橐他沙上隧

73EJT37:582

□謹因　　73EJT37:583A

□叩"頭"　　73EJT37:583B

□六人庸

人身　　73EJT37:584

建平元年十二月己未

逢皆毋官獄徵　　73EJT37:585A

……　　73EJT37:585B

美草卒陳湯　　73EJT37:586

禄福倉丞

□水關　　73EJT37:587A

葆俱名　　□　　73EJT37:587B

元延三年五月丙　　73EJT37:588

……　　73EJT37:589A

□　　73EJT37:589B

｜兼掾長守令史豐　　73EJT37:590

建平三年四月

……　　73EJT37:591

□侯國門亭河津毋苛留如律令敢言之

令　　73EJT37:592

陳音　故廣地　73EJT37:593

元延元年四月丁酉朔　73EJT37:594

詣府取急　73EJT37:595

□居延願以令取　73EJT37:596

建伏地再拜請
……　73EJT37:597

發謹□　73EJT37:598A

□
華□　73EJT37:598B

字□　73EJT37:599

□□　73EJT37:600

□□□
如律令　73EJT37:601

廣利隧長成倉□　73EJT37:603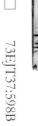

三四　十月壬子出
十二月乙未入　卩　73EJT37:602

北書二封張掖……　73EJT37:604

□甲寅朔甲子張掖□□□□
□□□　73EJT37:605

四月辛亥朔辛亥

…… 　73EJT37:606

　73EJT37:607A

□

　73EJT37:607B

□歸安定取衣用五

　73EJT37:608

□北嗇夫欽出

　73EJT37:609

□書到□□□

　73EJT37:610

戍卒緱得

　73EJT37:611

國爲縣

敢言

　73EJT37:612

……以十□

　73EJT37:613

不不□□□

　73EJT37:614A

□出其□以□書叩頭

　73EJT37:614B

建平元年九月庚寅朔丁未居延都尉雲城騎千人□
遣五官掾石博對會大守府當舍傳舍從者如律

　73EJT37:615

建平二年五月戊子朔乙未橐他候普移肩水金關吏

　73EJT37:616A

正月丙申以來　巳入　佐　73EJT37:616B

建平元年十二月己未朔丁卯西鄉嗇夫襃敢言之市陽里張請君自言　73EJT37:617

塢長張宗

軺車一乘

馬一匹驪牝齒十歲高五尺八寸　十二月丙戌出　73EJT37:618

瑪長張宗

■右第六車十八　73EJT37:619

四月乙巳入　73EJT37:620

籴得昌平里公乘鄭襃年廿五　73EJT37:621

安竟隧卒籴得步利里士伍孔益壽　73EJT37:622

齒八歲高六尺二寸十月庚申北出卩　73EJT37:623

牛二車一兩弩一矢五十　73EJT37:624

建平四年正月家屬符　73EJT37:625

鴻嘉三年二月癸卯朔己　73EJT37:626

明廷不忍數哀憐　73EJT37:627

禁姦隧戍卒孌得悉意里公乘王鳳年五十行書橐　73EJT37:628

臨之隧長田放　73EJT37:629

水北隧卒耿勃　73EJT37:630

騂北亭戍卒孌得定國里公乘莊憙年廿七　行書橐他界中　73EJT37:631

軺車二乘馬二匹　　/　73EJT37:632

河南滎陽春成里張　73EJT37:633

河南郡滎陽臨豪里趙宗年廿九　73EJT37:634

大車一兩牛一　十一月入　73EJT37:635

十二月乙丑北嗇夫豐出　73EJT37:636

元延四年五月己卯朔
居延願以令取傳謹案　73EJT37:637

卅井縣索肩水金關出　73EJT37:638

……建平二年十一月丙戌置佐並受　73EJT37:639

建平元年四月癸亥朔□□□　水守城尉賞移肩水金關居延縣索關
吏自言遣所葆爲家私使居延名縣里年姓如牒書出入如律令　73EJT37:640A+707A

佐忠

73EJT37:640B+707B

東郡發干就龍亭長公乘長□　73EJT37:641

□□孫仁自言弟放為都尉守屬緜之
□藏官者仁爵大夫年廿五毋官獄徵事當　73EJT37:642

□彭擊豐右手一□　73EJT37:643

鴻嘉四年十二月癸
傳舍從者如律令　73EJT37:645

□卩

為人黑毋須長七尺衣白布單衣白布單綺　73EJT37:646

邑東鄉亭長許廣□　73EJT37:644

肩水金關　甲渠守尉王任印　73EJT37:647

賈車長未但數　73EJT37:648A

□平　73EJT37:648B

十二月辛未朔庚
令取傳謹案　73EJT37:649

律令　73EJT37:650

建平二年六月丙辰朔　73EJT37:651A

鑠得塞尉印　73EJT37:651B

車一兩　弓一矢廿　73EJT37:652

□張誼逐市張掖酒泉郡中與從者西道　73EJT37:653

長七尺四寸黑色卩

死甚傷應□遠宜以此坐　前　不肖□□不在死罪……

張寅孝夫足下善毋□

過所□及幸甚　　73EJT37:654A+734A

……伏地再拜　　魏掾

張寅孝夫足下□　‧建因報張寅建部卿‵欲爲王張寅祭張寅將毋欲爲

73EJT37:654B+734B

三月壬午長安令右丞寬移　　73EJT37:655

□乘王延年‵廿八歲長七尺五寸

五歲長七尺　　皆黑色

入出止　　73EJT37:656

壬子朔乙丑廣明鄉嗇夫恭敢言之廣德里不　　73EJT37:657

棄他界中　盡五年二月止　　73EJT37:658

不復致入　叩頭□　請　73EJT37:659A

耶　73EJT37:659B

□年卅六七　中壯板身汙面短鬊長三寸所衣白布單衣□　73EJT37:660

高拓年卅　73EJT37:661

河南郡滎陽□□里公乘王定年廿七歲長七尺□□　73EJT37:662

甲渠候史居延白石里公乘靳望年五十八　73EJT37:663

□年六十　五月十六日　73EJT37:664

年卅八　73EJT37:665

元康三年廣地吏　73EJT37:666

尉豐殄虜隧長　善毋恙□□□□　73EJT37:667A

□謹言毋所□乘與唯□之
軍叩頭白　73EJT37:667B

軺車八乘
馬十一匹　73EJT37:668

葆茂陵萬延里陳廣漢年卅二長七尺六寸　73EJT37:669

戍卒淮陽國扶溝桐里公乘寇志年卅一　車父　73EJT37:670

·肩水候官建始元年七月盡九月居延　73EJT37:671

乘朱毋傷年卅歲長七尺二寸　73EJT37:672

水北隧卒兒横　三一　73EJT37:673

居延掾樊循　軺車　用馬　73EJT37:674

·循客張掖和平里孫立字君功年卅四五短壯□　73EJT37:675

□寸黑色　馬　十一月己未　73EJT37:676

四石　四石　四石　73EJT37:677

四月丁酉饊得□丞彭移肩水金關居延縣索關出入冊
／掾輔　73EJT37:678

戍卒淮陽國甯平□城里大夫陳護年廿四長七尺二寸黑色　屮　73EJT37:679

□當得取傳謁移過所縣邑津關勿　73EJT37:680

□□爰書先以證財物故不以實臧五百以上　73EJT37:681

□□鳳不以爲意
□□□□□□□□□
□□□□□□□□□
□□　73EJT37:682

正月辛酉北出　五月壬辰南入　73EJT37:683

當坐叩頭死"罪"敢言之　73EJT37:684

年五十六長七尺二寸黑色牛車一　73EJT37:685

□□□□
乘傳
張掖大守延年肩水倉長移
觻得以次爲駕當舍傳　73EJT37:686

□□□
妻大女昭武宜春里幸遷年廿七　車一兩
子男詡年九　牛二頭
子小男黨年七
□子小男……　73EJT37:687

□細身小頭方面小髭少須身端直初亡時黑幘 黑睛

肩水金關　73EJT37:689

73EJT37:688

□司馬孝移肩水金關道
毋官獄徵事當得出入關如

73EJT37:690

□發
令史壽

73EJT37:691B

……遣候史王□輸錢□□縣

73EJT37:691A

昌武里公乘郭弘年廿七自言爲家私市張掖郡
七月丙戌右尉光敢言之謹案弘年爵如書毋
取偃師長湯移過所縣邑津關毋何留如律令／掾恩令史安

73EJT37:692

□成居延守丞武移過所縣道津關收流民張掖武威
郡中遣茂陵脩禮里男子公乘陳客年廿五□□□

73EJT37:693

居延亭長當遂里公乘□慶年卅二卩　用馬一匹白□　～

73EJT37:694

募從者始昌里公乘成次年卅八長七尺四寸　73EJT37:695

輜車一乘　二月辛未南亭長步入
馬一匹　　　73EJT37:696

界亭　皆九月戊午入　73EJT37:697

元延元年十月甲午朔乙卯鸇陰守長　丞並移過所新成里男
……　73EJT37:698

梁國成卒蓄直里大夫陳延年廿五　73EJT37:699

李君卿一分直百
王子真一分直百　73EJT37:700

居延左部守游徼肩水里士伍張武年五十六　十一月庚子候史丹入　73EJT37:701

二月癸亥熒陽守丞萬移過所如律令

□□□□□□□□敢言之□□□□□□□

｜掾憙令　　73EJT37:702A

熒陽丞印　　73EJT37:702B

河南鞏秋陰里公乘趙紂年廿一長七尺□　　73EJT37:703

憙移居延如律令奉明廣德里丘護年廿七　　73EJT37:704

……

如牒書到出内如律令　　73EJT37:705

建平元年十月乙酉張掖居延都尉雲丞歆謂□

事當舍傳舍從者如律令　　73EJT37:706

作日所累記不知至田□

所作爲何等乎吾過符欲至□　　73EJT37:708A

田立叩頭言

子贛坐前見數不言自□　　73EJT37:708B

南陽宛邑令史殷護　73EJT37:709

張掖屬國破胡佰三里楊忠年五十一長七尺三寸　十二月甲午入　73EJT37:710

年卅八歲黃色

・軺車三乘牛車四兩用馬七匹草馬廿四用牛四　卩　73EJT37:711

軺車一乘馬一匹騩牝齒十六高六尺

黑犗牛一頭

73EJT37:712

河南雒陽芷陽里大夫菅從年卅五長七尺二寸黑色

五月辛未出

六月乙巳入

73EJT37:713

肩水金關

73EJT37:714

一封　二月丙辰書佐相署　73EJT37:715

甲戌廣地隧得守塞尉博兼行候事移肩水金關　73EJT37:716A

……
君前　守令史忠　73EJT37:716B

三寸黑色　73EJT37:717

二月癸酉廣地隧長尊以私印兼行候事移肩水金　73EJT37:718

□三月奉　元康五年三月癸未朔癸卯士吏橫付襄澤隧長樂成
／候房臨　73EJT37:719

……

居延河津關毋苛留如律令　73EJT37:720

關毋苛留敢言之十一月癸卯酒泉羌騎　73EJT37:721

逐殺人賊賈賀酒泉張掖武威郡中當舍傳舍從者如律令／兼掾豐守令史□　73EJT37:722

外黃邑丞印　73EJT37:723B

十一月丙午北鄉外黃邑丞鄧移過所　73EJT37:723A

□輸卅□粟七十石　今入卅石　與此四百七十二石八斗　73EJT37:724

□酒泉張掖武威郡中當舍傳舍從者如律令　73EJT37:725

五官掖大守府以郵行
用此誠糸令人魚獲
……
73EJT37:726

候長趙審寧歸屋蘭名縣爵里年姓如牒書到出入如　73EJT37:727A

鰊得塞尉印　候史丹發　73EJT37:727B

爵四年九月壬戌朔己（削衣）　73EJT37:728

移肩水金關士吏□宣自言　73EJT37:729A

□嗇夫□　73EJT37:729B

許脩年卅七歲長七尺二寸墨色告不出　車一兩牛二頭弩一矢五十　73EJT37:730

樂賢　73EJT37:731

五鳳三年四月癸丑北部候長宣敢言　73EJT37:732

□史□敢言之謹案有毋官獄徵事當得爲傳謁移過所縣邑侯國勿苛留止敢言之
□宛獄丞莫當行丞事移過所縣邑侯國勿苛留止如律令／掾通令史東　73EJT37:733

用牛一黃犗齒十歲　九月丁未北出　73EJT37:735

死罪再拜
□　73EJT37:736

縣河津關　　留止如律令敢言之　　73EJT37:737

卒張掖居延移肩水金關卒當出關名籍一編如律令　　73EJT37:738A

淮陽令印　　73EJT37:738B

神爵元年六月癸未張掖卒史張卿輩凡十五人出　　軺車七乘　　馬九四　　73EJT37:739

五鳳二年六月壬午朔己丑魏郡貝丘四望亭長寬調爲郡迎　　73EJT37:740A

亭長寬　73EJT37:740B

葆扶風槐里東回里李可年卅　73EJT37:741

鱳得廣德里公乘石汜可年五十八長七尺五寸黑色　車一兩　十二月戊寅出　73EJT37:742

肩水候寫移書到驗問收責報會四月三日如大守府書律令／掾遂卒史博　73EJT37:743

十二月辛卯張子上以來　73EJT37:744A

還入如律令　73EJT37:744B

居延倉長印

73EJT37:749B

建平三年八月己卯朔乙巳居延城倉長護移過所縣道津關遣從史周武歸武威取衣用當
舍傳舍從者如律令　嗇夫長佐□

73EJT37:749A

居延都尉屬居延金脩里張誼年卅一　軺車一乘馬一匹

73EJT37:748

佐祿福德昌里趙欣年卅長七尺八寸　五月中出七月癸卯過南

73EJT37:747

世從者安故里孫偃年十三長六尺黑色

73EJT37:746

爕得始樂里公大夫封賢年五十長七尺二寸黑色　十月壬辰出
爲平利里侯畢成葆卩

73EJT37:745

梁國戍卒菑東昌里大夫桐汗虜年廿四　　　73EJT37:750

小婢承顏長五尺　卩　　73EJT37:751

五月丁巳偃師守長緱氏左尉實守丞就移所過縣邑毋何留如律令掾敢令史意　　73EJT37:752A

緱氏守丞印　　73EJT37:752B

居延東鄉嗇夫延年里乾忠臣長七尺五寸黑色　輜車一乘馬二匹　　73EJT37:753

橐他沙上隧長魯欽

建平元年正月家屬符

妻昭武便處里魯請年十九

（簡右側有一刻齒）　73EJT37:754

建平二年家屬符

子男臨年十六

子女召年廿子女青年二歲

子女驕年十三

子婦君陽年廿三子女君乘年八子男欽年三歲

（簡左側有一刻齒）　73EJT37:755

橐他收降隧長陳建

建平二年正月家屬符

妻大女轢得安成里陳自為年卅四

子小男惲年九歲

子小女護□年□□

車一兩（簡右側有一刻齒）　73EJT37:756

累下隧長張壽王子大女來君居延千秋里年十八歲

子小男長樂年一歲

子小男捐之年七歲（簡右側有一刻齒）　73EJT37:757

廣地

長七尺黑色

廣地 廣他南部候史虞憲
建平四年正月家屬盡出金十二月符

橐他南部候史虞憲
建平四年正月家屬出入盡十二月符

母昭武平都里虞儉年五十
妻大女醜年廿五　大車一兩
子小女孫子年七歲　用牛二頭
子小男馮子年四歲　用馬一匹
（簡右側有一刻齒）

73EJT37:758

廣地
士吏護葆鰈得都里公乘張徙年卅五歲
長七尺五寸黑色
（簡右側有一刻齒）

73EJT37:759

肩水金關

居延司馬印
八月丁酉槐累候長年以來

73EJT37:760

橐他曲河亭長昭武宜春里
陸永家屬符

妻大女陽年廿三　車牛一兩
子小女頃間年三歲　用牛二頭
（簡右側有一刻齒）

73EJT37:761

橐他石南亭長王並

建平四年正月家屬出入盡十二月符

妻大女昭武宜眾里王辦年五十

子男嘉年十一歲

大車一兩

用牛二頭

用馬一匹　（簡右側有一刻齒）

73EJT37:762

署從署得行馳道旁孝文皇帝二年正月丙子下　　73EJT37:763

河南郡新鄭高關里公乘馮奉卅三　　73EJT37:764

昭武都田嗇夫居延長樂里石襃年廿七　　馬一四　九月乙卯　　73EJT37:765

田卒河南郡密邑宜利里公乘鄭不侵　　73EJT37:766

廣地卒趙國邯鄲邑里陽成未央

廣地卒趙國邯鄲邑里陽成未央

賣賣大刀一賈錢二百五十都倉□□□男子平所　平直百五十

賣賣大刀一賈錢二百五十都倉□□□男子平所　平直百五十

△卩　　73EJT37:767

●□泉部

・右東部　用錢三千三百九十

用錢三千三百九十　　73EJT37:768

　　　　今餘官未使婢一人

今餘官未使婢一人　　73EJT37:769

永始五年二月戊戌朔丙午肩水候憲敢言之府下詔書二事其一事常以二月遣謁者

永始五年二月戊戌朔丙午肩水候憲敢言之府下詔書二事其一事常以二月遣謁者　　73EJT37:770A

守令襃　　大　　守令史襃

守令襃　　大　　守令史襃　　73EJT37:770B

府錄毋擅入常鄉廣地置佐鄭眾

府錄毋擅入常鄉廣地置佐鄭眾　　73EJT37:775

告尉史宣平里董充自言取傳爲家賣牛長安謹案
縣邑侯國毋何留敢告尉史　　73EJT37:774

入弩一檗丸一　元康三年三月甲寅朔辛酉關嗇　　73EJT37:773

制曰可高皇帝七年七月乙丑下　　73EJT37:772

寫移書到出入如律令　／佐昭　　73EJT37:771

居延部終更巳事未罷坐傷人亡命令聞命籍在頓丘邑獄願自詣它如爰書　七月甲辰入　73EJT37:776A

元康四年伏地再拜伏伏伏再它再拜伏拜　（習字）　73EJT37:776B

□部甲鞮鞪督裏簿　73EJT37:777

元延二年正月癸亥朔丙子居延殄北候邑移過所縣道河津關遣尉史李鳳市席杯器鞣
得當舍傳舍從者如律令　｜掾臨令史豐　正月廿二日入　73EJT37:778

南部候長薛鳳
校郵書表火肩水界中出入盡十二月　軺車一乘用馬二匹・其一匹驪牡齒七歲
子男㩵得安國里薛級年十五　一馬駹牝齒八歲　73EJT37:779

建平元年九月庚寅朔丁未掾音敢言之官大奴杜勝自言與都尉五官掾石博
葆俱移簿大守府願已令取傳謁移過所縣道河津關毋苛留如律令敢言之
73EJT37:780

……肩水金關遣吏使之居延名縣爵里
年姓如牒書到出入如律令
73EJT37:781A

張掖肩水千人　即日發關

|令史嘉|褒
73EJT37:781B

五鳳四年十一月戊辰朔己五居延都尉德丞延壽謂過所縣道津關遣屬常樂與行邊兵丞相史楊卿從
……
73EJT37:782

綏和二年十一月乙未朔壬子橐他候普移肩水金關
遣吏卒送雞府官除各如牒書到出入如律令
73EJT37:783A

令史永　73EJT37:783B

七月壬申尉史漢謹案壽年十七歲爵上造敢言之
七月壬申成都守丞畢陶謁移過所縣津亭勿苛止如律令　／掾護令史高　73EJT37:784A

成都丞印　73EJT37:784B

居延令溫君
　兄子祿福嘉平里溫普年十三
　馬一匹騮牡齒七歲高五尺七寸半

　兄子祿福嘉平里溫普年十三
　十二月庚午南嗇夫豐入
　　　　　　　73EJT37:785

劉儀叩頭白
孝卿前到幸哀之未□留須臾君伯有少=酒不敢　73EJT37:786A

用如侍何恨不肯來及□忽……

者爲乏當食者不叩頭幸甚　　73EJT37:786B

駮馬亭長封並

葆孫昭武久長里小男封明年八歲／三月甲子入

明弟乃始年四　　73EJT37:787

建平三年五月庚戌朔甲子肩水候憲謂關嗇夫豐道守令史敞

校郵書橐他書到出入如律令　　73EJT37:788A

張掖肩候

五月甲子以來　　　即日發關

　　　　　　令史襃　　73EJT37:788B

車二乘驪牡馬一四齒六歲□牝馬一四齒九歲　　73EJT37:789

……　　73EJT37:790A

……卒史

73EJT37:790B

年卅八長七尺二寸黑色　十月戊寅入　軺車一乘弓一矢五

73EJT37:791

……

毋官獄事令得爲傳移過所侯國毋河留

丞我　謁移過所　掾綏守令史賜

73EJT37:792

……閎□等

73EJT37:793

□

當償馮君上

白素六尺八寸直百五十六……夫□□市

73EJT37:794

□辛巳朔丁未肩水騂北守亭長誼以私印行候事

□□□□縣爵里年姓各如牒書到入如律令

73EJT37:795

□□□廿三長七尺二寸黑色　輒車一乘用馬一四十二月甲午出　73EJT37:796

客田男子解恭

大婢好長六尺五寸　小奴驪長五尺

小婢綠長五尺

73EJT37:797

豐頭二所左肩二所□驛北亭長對　73EJT37:798

……趙秋趙類自言取傳爲家私市張掖

……邑侯國以律令從事敢言之

……過所縣邑侯國如律令掾未央／守令史相　73EJT37:799A

□之丞印　73EJT37:799B

建平二年五月丙戌朔丁亥廣地鱳得守塞尉博移肩水金關部吏卒□　73EJT37:803A

建平四年十二月辛未朔癸酉張掖廣地候況移肩水金關……
名縣爵里年姓如牒書到出入如律令　73EJT37:800A

安葆同里公乘馮未央年十九　長七尺二寸黑色　卩　73EJT37:802

廣地候印　廣地地　守令史惲　73EJT37:800B

□
丁長卿
朱長樂　73EJT37:801

……

五月己丑以來 □下□　亭長惲　73EJT37:803B

車一乘

□騂牝齒七歲高五尺五寸　73EJT37:804

正破月乙未破羌將軍張掖大守千人武　73EJT37:805A

肩水候茂陵息衆里五大夫□□□　未得神爵三年四月

……

73EJT37:805B

□夫假佐恭敢言之善居里男子莊湮自言取傳乘馬三匹

年長馬齒物色各如牒過所津關毋苛留如律令

過所如律令　／掾承守令史就　73EJT37:806+816

肩水金關　73EJT37:807

董詡年卅ノ　用牛二　十一月辛丑北佐音出　十月乙卯南佐音入　73EJT37:808

……　73EJT37:809

弟豐年十七ノ　字少平八月乙酉北出　73EJT37:810

……　一兩　73EJT37:811

辛河南郡新鄭安漢里溫奉年卅一　73EJT37:812

□里趙應年廿六　73EJT37:813

居延長樂里公孫放年十九　從王宣　73EJT37:814

得守長日勒尉丞彭移過所如律令□　73EJT37:815

□徐光　73EJT37:817

肩水候官　出關致　73EJT37:818

□丞彭移肩水金關居延縣索關過所亭　73EJT37:819

□關毋苛止如律令敢言之……　73EJT37:820

北書詣居延都尉八月癸丑起　八月　73EJT37:821

濟陰定陶西鄉嗇夫中關里公乘張廣年卅五長七尺二寸黑色尉史定入 刀　73EJT37:822

己亥□□□年　73EJT37:823A

……　73EJT37:823B

金關　73EJT37:824

□年廿六　刀　73EJT37:825

小婢眉年一歲　73EJT37:826

將車河南雒陽直里公乘董賢年五十五長七尺二寸黑

魚三千頭

□□二□　73EJT37:830

戍卒趙國柏人曲周里公乘段未央年廿四　73EJT37:829

□候史丹發　73EJT37:828B

令史趙彭之官名籍如牒　書到出如律令　73EJT37:828A

鱳得安樂里大夫王世年六十五歲　ノ　73EJT37:827

長四尺五寸　十二月乙丑北嗇夫豐出　73EJT37:831

□□移檄……　73EJT37:832

居延亭長平明里不更張廣年廿三長七尺五寸黑色軺車一乘用
□從者居延□□里大夫徐□年十二長五尺四寸黑色五月己亥入七月　73EJT37:833A

亭長廣傳　73EJT37:833B

戍卒趙國邯鄲東召里功孫定　73EJT37:834

肩水關嗇夫放以小官印兼行候事移廣地候官就人　73EJT37:835A

（守令史宣

73EJT37:835B

事移簿丞相府乘所占用馬二匹當舍傳舍從者如律令∕掾仁屬守長壽給事　73EJT37:836A

居延都尉章　73EJT37:836B

居延都尉書佐陳嚴∖

　葆鞬汗里徐襄年□

　軺車一乘馬一匹駹　73EJT37:837

□　軺車十二乘

　私馬十六匹　七月己卯出　73EJT37:838

謹□□東□主隧□□　73EJT37:839

居延□□塢長金城里公乘龔憲年卅五　十一月庚

73EJT37:840

年卅二　輸雞府　音妻苑君年廿五

車一兩牛二頭　　73EJT37:841

輸雞府

音妻苑君年廿五
車一兩牛二頭

十月壬申鱳得守丞強以私印行事謁移肩水金□

73EJT37:842

肩候
五月癸巳亭長甯忠以來　　73EJT37:843

葆東郡茌平邑始里公乘呂壽王年廿長六尺七寸　　□

73EJT37:844

句陽高成里莊賜之年卅

　　　73EJT37:845

橐他野馬隧長趙何

　葆妻鑠得長壽里趙吳年廿七

　子小女佳年十三

　子小男章年十一　　73EJT37:846

魯國施里不更辛意年卅長七尺二寸黑色　　十月辛巳入　牛車一兩

　　　73EJT37:847

南書五封□

　其一封居延都尉章詣郡大守三封昭武長印詣……其一封……

　府十月庚申起□□　一封居延丞印詣昭武

　　　73EJT37:848

梁國戍卒畜板里大夫華定年廿四　　73EJT37:849

肩水橐他候長勇士隧長□□孫宏

　　肩水　　73EJT37:850

百到必用留衣錢□　　73EJT37:851A

……來者必與之書令留

　　　73EJT37:851B

河東北屈綖陰鄉嗇夫梁博　73EJT37:852

酒五斗　73EJT37:853

九月癸亥陽翟邑守丞蓋邑寫移過　73EJT37:854

橐他候史昭武樂成里陳襃　妻大女陳恩年卅五　子大男業年十八　73EJT37:855

癸陽春里公士張酺年十五　方相車一乘　73EJT37:856

案戶籍護士伍年廿五冊官獄徵事當得以令　73EJT37:857A

……

□卿　73EJT37:857B

茂陵始樂里李談年廿八字君功　乘方箱車駕駹牡　73EJT37:858

河南卷巿陰里公乘景音年卌　大婢朱憙　方箱車一乘用馬一四□　73EJT37:859

姊子始至里張音年廿五代　73EJT37:860

手巾二

紈布七尺五寸尸　　73EJT37:861

橐他候長轢得安漢里公乘任由年卅四　　73EJT37:862

謹案□□□毋官獄徵事謁移過所縣邑

□移過所如律令／掾賢守令史奉　　73EJT37:863

／兼掾臨守令史昌佐長　　73EJT37:864

□望安隧長歸生　　73EJT37:865

戍卒淮陽國甯平宜春里□　　73EJT37:866

平樂里公乘彭賜之年□　　73EJT37:867

居延名縣爵里年姓如　　73EJT37:868

……謹案戶籍臧

□津關毋苛留止敢言

……　　73EJT37:869

戍邊乘橐他曲河亭南陽郡葉邑安都里柏尚年卅五會赦事已

軺車一乘　牛一頭　二月乙丑南入　　73EJT37:870

神爵二年十二月壬申朔辛卯東鄉嗇夫生敢言之昌樂里韓忠自言以令占田居延與子女婢溫小男
……乘占用馬四匹軺車三乘謁移肩水金關出入復傳毋苛留止如律令敢言之　73EJT37:871

里公乘郭世年廿九　丿　73EJT37:872

歲長七尺五寸黑色　丿　元康二年五月庚
寅入五月丙申出　　軺車一乘馬一匹弩一矢五十　73EJT37:873

□□長七尺三寸黑色步　劍一大刀一　73EJT37:874

建平元年十月庚申朔庚申肩水守城尉平□　73EJT37:875

元康二年二月庚子朔癸卯西鄉有秩異衆敢言之樂□　73EJT37:876A

閏月戊申□□以來　　73EJT37:876B

73EJT37:876

朔乙酉尸鄉守有秩合眾敢告尉史
事當爲傳謁移過所縣邑毋何留
移過所縣邑毋何留／尉史霸七月丁

73EJT37:878A

郭以來　　73EJT37:878B

□平元年
肩水金關出入□　　73EJT37:877

家符不□　　73EJT37:879

黑色自言爲家私市張掖正□
毋何留
……守令史□　　73EJT37:880A

……之印　　73EJT37:880B

出入如律令　　73EJT37:882

長樂充
如律令□　　73EJT37:881

大車一兩牛二　十一月入
牛車一兩廿二　十九人　　73EJT37:883

□占案毋官事當爲
……　　73EJT37:884

居延守獄史陳臨
軺車一乘
用馬一匹　　73EJT37:885

黨毋所□　73EJT37:886

軺車一乘馬二匹入　73EJT37:887

戍卒鱳得富安里公乘莊武年廿三　73EJT37:889

滅虜隧卒周寬　73EJT37:890

茂陵昌德里虞昌年　73EJT37:892

・南部永始五年　73EJT37:893

步　73EJT37:895

字馬齒四歲高六尺一　73EJT37:896

□都尉雲城騎千人臨尉　73EJT37:894

□年秋八月日□更封敢言　73EJT37:897

服之隧卒馬勝之　73EJT37:898

卷始利里公乘陳惲年廿八　73EJT37:899

戍卒隱強始昌里公乘朱定年廿九　八月癸亥北出　73EJT37:888

後起隧長居延累山里大夫廉賞年廿四詣府　73EJT37:891

卒趙國柏安樂里公乘郭便年卅五　　73EJT37:900

雲陽不審里汝雲□　　73EJT37:901

縣邑勿苛留如律令∕令史□　　73EJT37:902

寸　　十月庚午南入　　73EJT37:903

巳北出　凡廿二人五月乙卯南入　　73EJT37:904

所高下札薄厚繩□　　73EJT37:905A

出穀若干石　　73EJT37:905B

掾音　　73EJT37:906

肩水金關　　73EJT37:907

二張掖守部司馬行大守事詣居延都尉七月丁未起　七月
一安定大守章詣居延都尉六月己丑起□□　　73EJT37:908

建平元年九月庚寅朔……
謁移卅井縣索金關出入敢言之
九月庚子庫守丞長移過所寫移如律令　　73EJT37:909

……城尉平移肩水金關居延縣索關吏使居延所葆各如牒

書到出入如律令

73EJT37:913A

戍卒昭武步廣里不更楊當年廿九

迎吏奉城官　　　五月辛丑南

　　　六月辛酉北嗇　73EJT37:912

大大守　　73EJT37:911B

舍市杯案席薦張掖郡中當舍傳舍從者如律

73EJT37:911A

神爵四年七月丙寅凡吏民十一人

　　　其五人新傳出

　　　一人復故傳出

　　　四人新傳入　73EJT37:910

嗇夫黨　73EJT37:913B

□□平明里徐護年十六

軺車一乘馬一匹騩牝齒七歲高六尺　……北出　73EJT37:914

□

出錢五十粟五斗驪軒

出錢五十粟五斗顯美　73EJT37:915

郡乘所占馬騩

傳謁移函谷關　73EJT37:916

關嗇夫吏遣□□　73EJT37:917

入亡人赤表函二

　　其一起廣地守

　　一起橐他亭顯　73EJT37:918

……

□昭武肩水乘所占用馬一匹軺車　……　73EJT37:919

議得龍里大夫周贖年三十八長七尺二寸黑色　73EJT37:920

祿得都里大夫周賢年五十八長七尺二寸黑色　73EJT37:920

□車十二長五尺赤色　73EJT37:921

□年十二長五尺八寸赤色　73EJT37:921

年十六長七尺三寸　73EJT37:923

黑色　73EJT37:922

□十六已出　乘故革車駕騮牡馬齒十八歲　八月庚辰北出　73EJT37:926

□驪牝馬一匹齒十四歲　十一月壬辰兼辟北亭長並出　73EJT37:927

□騟牝馬一匹齒十四歲　十一月壬辰兼辟北亭長並出　73EJT37:927

□　守丞駿移過所遣中亭長蔡崇司空　73EJT37:928

□　乘方相車駕駠牝馬齒　73EJT37:925

□鰈得樂安里申嚴年廿　73EJT37:924

□□
□□　寧北至
□□□□　73EJT37:929

七月丙子橐他候□　73EJT37:930A

橐他候印　73EJT37:930B

元康二年四月己亥朔癸卯西鄉有秩賢敢告尉　73EJT37:931

取傳迎家屬謹案誼　73EJT37:932A

轢得丞印　73EJT37:932B

雒陽臨湿里公乘單赦年冊　73EJT37:933

……束……　73EJT37:934

……三月辛酉朔丙子□□敢言之遣西鄉佐憙收流民張掖金城隴西郡中與從者昌里　73EJT37:935

……
七月　73EJT37:936

正月丁巳居延令彊丞循移卅井　73EJT37:937

……毋官獄徵事當得

二月丁丑居延令尚丞順移過　　73EJT37:938

□□□□□□

□□何再拜　　73EJT37:941A

兩脅下支滿少氣溫欬水□得□□□　　73EJT37:942A

□□酒飲之會分散□田中　　73EJT37:942B

……移過所縣官肩水金關毋苛留如律　　73EJT37:943

百廿七石二斗　　73EJT37:939

□□取十五束□
……　　73EJT37:941B

□□□以令取傳
豐守令史鳳　　73EJT37:940

□乘里張襃
……單衣　　73EJT37:944

戍卒趙國邯鄲曲里張錢　正月壬寅入　73EJT37:945

關如律令□　73EJT37:946

長七尺二寸步入帶劍　73EJT37:947

以律取傳謹案　73EJT37:948

□客校郵書橐他界　73EJT37:949

……使忠留關下待關下　73EJT37:950A

……願　73EJT37:950B

□車一乘　73EJT37:951

昭武高昌里張壽廿三丿　車二兩牛三　正月丁丑出　作者纕得定安里龐宣年廿　皆二月甲午入　73EJT37:952

□山隧卒犂安世　73EJT37:953

■右第十三車九人　73EJT37:954

■卒廿三車九人　73EJT37:954

□卒六人□十七石四斗　73EJT37:955

卒廿三人　廿石　73EJT37:955

居延亭長李義　馬一匹騮牝齒五歲　十二月癸卯北候史丹出　73EJT37:956

軺車一乘　73EJT37:957

軺車一乘　73EJT37:957

城勢隧長蘇忠　送御史　卩　三月丙寅入即日出　73EJT37:958

以五月廿七人　□　73EJT37:959

五千三百五十以給置稍入過客威未嘗署卒＝不多錢得　　73EJT37:960

居延守左尉李鳳、　　軺車一乗馬一匹騂牡齒九歲　　十二月□□出

　　　　□□月□□入　　73EJT37:961

建平二年六月丙辰朔丁丑肩水候憲謂關嗇夫吏　　73EJT37:962A

佐霸　　73EJT37:962B

馬二匹　　其一匹赤牝齒十歲

　　　　其一匹驪牡齒十二歲　　凡四人八月庚辰北出　　73EJT37:963

……移肩水金關□候長……關
爵里年姓如牒書到出入如律令　十一月辛卯……並入　　73EJT37:964

毋適隧卒郭健　　73EJT37:965

鰈得□□里公乘陳□□□□　字中實　十一月己丑兼亭長出入　　73EJT37:966

臨澤隧卒□未央　五百　　73EJT37:967

安居延願以令取傳謹案戶籍臧鄉者富里有呂晏年廿爵公士呂
……毋官獄徵事當得取傳謁移過所河津關肩水金關出入　　73EJT37:968A

角得長印　嗇夫欽白　73EJT37:968B

蜀郡成都縣直陽里段壽年十七歲　73EJT37:969

田卒濟陰冤句昌成里大夫商廣世年卅九　長七尺二寸黑色　～　＼　73EJT37:970

鰈得壽貴里公乘朱奉親年十四歲長七尺二寸　73EJT37:971

淺水隧長枚良　送御史　卩　73EJT37:972

小奴成年一歲　卩　73EJT37:973

醫陵里男子楊譚自言欲取僵檢客田張掖居延南□亭部謹案譚□
……　　　　　　　　　　　　　　　　　　　73EJT37:974

……
官者都年爵如牒毋官獄徵事當得取傳謁移肩水金關居延縣索關河津毋苛留出入敢言之
　　　　　　　　　　　　　　　　　　　　　73EJT37:975

……如律令敢言之
延如律令　／掾令史延年　　　　　　73EJT37:976

肩水壙野隧長鄧就　　　73EJT37:977

建平元年九月戊申居延令彊守丞聖移過所縣道河津關肩水……
　　　　　　　　　　　　　　73EJT37:978

胡騎苑氏（竹簡）

73EJT37:979

廿六日癸巳食張君游所因宿

出五十□一具
出卅□六封　　十八日癸卯食張君游所因宿
出十九□二□　　　　出十發出□

十八日壬申風不行

73EJT37:980

追殺人賊□賀酒泉張掖武威郡中當舍傳舍從者如律令

73EJT37:981

田卒河南郡新鄭武成里公乘左奉年卅　卩

73EJT37:982

韓宮尉弘從者好畤吉陽里不更莫于禹年卅九長七尺四寸黑色　癸酉出

73EJT37:983

䍐得騎士千秋里王護年卅五

73EJT37:984

濟陰郡冤句穀里呂福年廿六　庸同里大夫呂怒士年廿八長七尺二寸黑色　～　～　73EJT37:985

弘農郡陝宜里大夫王定年卅長七尺二寸黑色　牛一車一兩弓一矢五十　73EJT37:986

戍卒濟陰郡冤句南昌里大夫許毋傷年卅八長七尺二寸黑色　～　73EJT37:987

魯國壯里士伍悟他年卅五　車二兩牛四頭　十二月庚申南嗇夫□入　73EJT37:988

守屬隨詡葆　頻陽南昌里公乘李鳳年廿五　正月庚午北出　73EJT37:989

肩水金關漢簡（肆）　一五四

子男丹年廿三已出／ 大婢倍年廿已出 ／ 73EJT37:990

河南滎陽吉陽里士伍郭祿年廿五長七尺四寸黑色 三年十一月出 73EJT37:991

鰈得富里不更閻丘橫年卅五長七尺二寸黑色 閏月戊午入 73EJT37:992

魏郡內黃北安樂里大夫程延年五十五 庸同縣同里張後來年卅二長 七尺二寸黑色 73EJT37:993

魏郡內黃東郭里大夫隋穰年廿六 長七尺二寸黑色 ／ 73EJT37:994

祿得千秋里大夫魯遂年五十長七尺二寸黑色　73EJT37:995

軺得守令史壽貴里公乘趙駿年廿二長七尺二寸黑色軺車一乘馬一匹　七月中出　73EJT37:996

長安酈陵里常惲年卅三　方相一乘　用馬一匹　十一月癸卯兼亭長並入　73EJT37:997

軺得敬老里女子靳敬年十二　十一月乙丑北出　73EJT37:998

所乘用騮牝馬一匹齒十歲高六尺二寸主狗占　73EJT37:999

令史居延千秋里大夫左嘉年卅三丿　　十月辛未南嗇夫豐出　軺車一乘
用馬一匹驪牡齒八歲高六尺　　73EJT37:1000

將車東郡緒者大夫紀歸年卅六　長七尺二寸黑色　十月戊寅入　牛車一兩　癸酉出　　丿　　73EJT37:1001

千秋葆京兆新豐西宮里官大夫被長壽年廿一長七尺三寸黑色　六月乙亥出　　73EJT37:1002

日勒萬歲里華莫如年廿三長七尺　神爵二年七月中出　　73EJT37:1003

酒泉祿福廣漢里公乘孟良年卅
酒泉綏彌工里公乘繇便年卅　　73EJT37:1004

梁國戌卒菑樂陽里大夫陳德年廿四　ノ　ノ　73EJT37:1005

將車河南營陽新安里不更龍眉年卅三長七尺二寸黑色

魚四百頭

橐卅五□□　牛車一兩弓一矢五十　ノ

出□□五十四　卅四……入　73EJT37:1006

橐他駮南亭長孫章　　　　妻大女□得壽貴里孫遷年廿五

陽朔三年正月家屬符　　　子小男自當年二

　　　　　　　　皆黑色　（简右側有一刻齒）

73EJT37:1007

關嗇夫吏　　73EJT37:1008A

兼亭　　73EJT37:1008B

□　吏出入關名籍　　73EJT37:1009

勿苛留如律令乘馬一匹
令　　73EJT37:1010

戍卒趙國邯鄲棘里張歸　　73EJT37:1011

·右第七十人　　73EJT37:1012

□印行候事謂關嗇夫吏移居延縣索關　　73EJT37:1013

□常占自言為家私市張掖酒泉郡中謹案年爵如書　　73EJT37:1014

乘用驪牝馬齒八歲　　73EJT37:1015

方箱車一乘馬一匹　　73EJT37:1016

□　皆十一月癸巳入　　73EJT37:1017

長安大京里王賞年卅字子阿　乘方箱車駕騩牝　73EJT37:1022

長安原里王賞年卅七字子陽　乘方箱車駕騩牝　73EJT37:1022

凡出米四斗八升　73EJT37:1021

□下　73EJT37:1020B

□水城尉詡移肩水金關居延縣索關
……
73EJT37:1020A

廣地隧蘇安世　73EJT37:1018

陽朔五年六月　73EJT37:1019

……敢言之
掾宮守令史長　73EJT37:1023

金關
73EJT37:1024

元康三年七月吏
名傳   73EJT37:1025

南部候史居延安故里郭循年廿八 追亡卒   73EJT37:1026

鰈得宜樂里楊猛年卅字君公   作者同縣壽貴里男子侯並□   73EJT37:1027

鰈得樂就里女子徐女止年十八   73EJT37:1028

府卿哀憐全命所以顧納之章   73EJT37:1029

長十七又尺二寸黑色   皆十一月丙戌入   73EJT37:1030

金關
73EJT37:1031

□官除年姓如牒書到出入如律令　73EJT37:1032A

□成尉印　正月十九日武以來　73EJT37:1032B

雒陽廣陽里商立年十八　步　73EJT37:1033

方箱車一乘　八月□□嗇夫南入　73EJT37:1034

□□肩水金關卅井關　令　73EJT37:1035

鰈得宜安里不更郝尊年卅　葆作者同縣樂就里公
車二兩牛四頭　73EJT37:1036

遣之官書到出如律　73EJT37:1037

明　九月己未勉出　73EJT37:1038

壽長孺一直九百　宿昆弟靳安世　十五人爲二石一斗　六斗六升大　73EJT37:1039A

□月二月奉　□守丞王卿　73EJT37:1039B

□傳　送錢居延　73EJT37:1040

□長七尺二寸黑色　～　73EJT37:1041

軺車一乘用馬一四騂牝齒六歲　73EJT37:1042

傳車一乘馬二匹四月戊寅出　73EJT37:1043

二長七尺二寸黑色牛車一兩　以□　73EJT37:1044

建平元年九月癸丑居延令彊守丞宮移過所縣道河津關遣司空佐張
當以令對會□月……　　73EJT37:1045

署金關□……　女子始至里張音年廿五　73EJT37:1046

謹案戶籍藏鄉者市陽里有大女張倩君年卅七子女衰年廿子男可丘年三葆富里□□　73EJT37:1047A

昭武長印　73EJT37:1047B

關嗇夫常　73EJT37:1048

戍卒昭武市陽里公士□豐年廿八　73EJT37:1049

□廿五　73EJT37:1050

｜掾延兼屬豐書佐良　73EJT37:1051

今日休日井卿夫人來子方中卿爲進ノ
奏樂卿文卿
□□蚤會宣屬行部還井　73EJT37:1052A

宣伏地報□
子方中卿足下謹道即日厚賜竊日近　73EJT37:1052B

用牛一　73EJT37:1053

金關

73EJT37:1054

肩水金關

73EJT37:1055

肩水候亭次行

73EJT37:1056

廣地

毋患隧長安世葆居延中宿里公乘徐孺

年七十歲長七尺一寸黑色　73EJT37:1057A

□金關符

73EJT37:1057B

弃他候史氏池千金里張彭
建平四年正月家屬符

母居屏庭里徐都君年五十
男弟緱得當富里張惲年廿　　車二兩
男弟臨年十八　　　　　　　用牛四頭
女弟來侯年廿五　　　　　　馬三匹
女弟驕年十五
彭妻大女陽年廿五　（簡右側有一刻齒）

73EJT37:1058

弃他通道亭長宋捐之
永始四年家屬符盡十二月

妻大女緱得常樂里宋待君年廿二
子小男自當年九
子小女廉年六　（簡左側有一刻齒）

73EJT37:1059

•君十二月南書十輩十三封

右十二月南書七輩十三封　／

73EJT37:1060

建平元年十二月己未朔辛酉弃他塞尉立移肩水金關候長宋敢自言
與葆之繇得名縣里年姓如牒書到出入如律令

73EJT37:1061A

張掖橐他候印　即日嗇夫豐發

十二月壬戌令史義以來門下　　73EJT37:1061B

五鳳四年五月辛未朔乙未廣地守候塞尉順移肩水金關

書到如律令　　73EJT37:1062A

張肩塞尉　　73EJT37:1062B

甘露元年四月丙申朔丁巳居延卅井候長廣漢敢言之廣

漢遷爲卅井候長與子男充俱之官謹移致籍敢言之　　73EJT37:1063

以請詔見親渭陵園當舍傳舍從者如律令　　|兼掾博屬蒲書佐誼尊　　73EJT37:1064

永始五年閏月己巳朔戊寅橐他守候護移肩水金關遣令史
呂鳳持傳車詣府名縣爵里年姓如牒書到出入如律令　73EJT37:1065A

張肩塞尉
閏月壬申況以來　嗇夫欽白發
　君前
　令史鳳尉史敞　73EJT37:1065B

子男安歸雲陽縣邑門亭毋苛留如律令
……移過所縣邑河津關城騎千人
掾宮令史長　73EJT37:1066

綏和二年四月己亥朔癸卯守城尉賞移肩水金關居延卅井縣索關吏自言遣所葆
……
73EJT37:1067A

四月乙巳北　白發君前　73EJT37:1067B

建平二年八月乙卯朔辛酉肩水庫嗇夫賞以小官印行城尉事移肩水金關　73EJT37:1068

襄澤隧、
　　⋯⋯
塢南面呼以作治
狗少一令以具

塢上□鹿盧不調利已利
六石弩一傷淵中已作治　臨澤隧長趙印兼
辛未章不知蘫火令以知
73EJT37:1069

三月壬申出卩
　　掾陽守令史陽佐賢　73EJT37:1070
關遣都阿亭長徐光以詔書送徒上河當舍傳舍從者如律令
元延二年二月丙申居延守令城騎千人敢丞忠移過所縣□

北書十四封

其四封肩水倉長印二詣居延都尉二詣居延
二封小府詣居延　二封□得長印一詣居延都尉一詣肩水候官　當
三封肩水千人一詣肩水候一詣橐他一詣廣地　一封昭武長印詣居延令丞發
一封淮陽內史詣居延都尉府
十月壬午日二干時□馮賢卒周六始付
73EJT37:1071

□□□□□□□□　發元謹之相欲□□□□
相伏地再拜請
二百錢今留　73EJT37:1072A

長□足下　73EJT37:1072B

吏送致謹給邊重事毋令稽留如律令敢告卒人／掾崇書佐彭　73EJT37:1073

……行……　73EJT37:1074

五鳳三年正月戊寅朔戊子都鄉嗇夫遂佐得敢言之長陽里師樂自言爲家市張掖郡中謹案
樂毋官獄徵事當爲傳謹移過所勿苛留敢言之正月庚寅原武右尉憙敢言之
謹移案樂年爵如書敢言之尉史萬正月辛卯原武守丞武移過所如律令掾強
佐異衆
　73EJT37:1075A

原武丞印　73EJT37:1075B

五鳳四年六月庚子朔甲寅中鄉嗇夫廣佐敢言之醫陵里男子習萬自言欲取傳爲家私使張掖居延界中謹案萬年
五十一毋官獄徵事當得爲傳父不尊證謁言移過所縣邑毋苛留止如律令敢言之
六月己未長安守右丞世移過所縣邑毋苛留如律令　掾　令史奉

73EJT37:1076A

章曰長安右丞印

73EJT37:1076B

屋闌定里公乘尹駿年卅九　字巨君　已出　四月丙戌北出

73EJT37:1077

候長鱳得定國里公乘貟宗年卅二　△　五月戊寅入　送罷卒府　六月庚戌

73EJT37:1078

武威郡張掖丞從史公乘陵里曹奉年五十

73EJT37:1079

將車河南雒陽緒里公乘李定國年廿八　長七尺二寸黑色　正月己丑入　牛車一兩　十一月戊申出入　73EJT37:1080

京兆尹長安罾陵里習萬年五十一長七尺三寸黑色　正月丁丑入　73EJT37:1081

破適隧卒鰈得萬年里公乘馬□宮年廿三　見責府　同　十二月乙卯出入　73EJT37:1082

居延臨湖塢長尹音年五十六　車一乘　用一四　十一月甲辰入　73EJT37:1083

河南郡雒陽栢里大夫蘇通年五十五長七尺二寸黑色　五月辛未出　六月乙巳入　牛一車一兩弩一矢五十　73EJT37:1084

造蕭麃年十五　驪一匹齒三歲　正月辛酉南入　73EJT37:1089

完城旦徒孫並　／　十月辛酉北出　73EJT37:1088

依山隧卒趙延　73EJT37:1087

子小男益多年十二　73EJT37:1086

奉明廣里秦護年六十　　子幼伇年十八　方相車一乘
子小男益多年十二　　　　　　　　　用馬一匹　73EJT37:1085

· 右第二車十人　73EJT37:1090

廿七日己亥宿胡烏亭　73EJT37:1091

八月乙亥䌛得守丞強以私印行事移肩水金關出來傳入如律令　73EJT37:1092

律令　十月甲戌出卩　73EJT37:1093

……爵公乘年六十歲毋官獄徵事當得以□取傳謁移過所河津關毋苛留止如律令

敢言之·四月己亥居延守丞建移過所如律令　／掾宮佐長　73EJT37:1094A

居延丞印　73EJT37:1094B

……毋官獄徵事當爲傳謁移廷敢言

之移所過縣毋何止九月癸未鉅定丞登移所過縣邑侯國毋何止如律令掾何　73EJT37:1095A

守令史寬　73EJT37:1095B

……移肩水金關□

□牒書到出入如律令□□□□　73EJT37:1096A

□他侯印

……　73EJT37:1096B

守屬貧蓋之收責盜藏居延乘家所占用馬當舍傳舍從者如律令　73EJT37:1097A

張掖大守章

……

73EJT37:1097B

張掖肩水司馬宜以秩次行都尉事謂□遣千人蔡宗校

□如律令　守屬豐

73EJT37:1098A

入計會辯治超等等軼群出尤　73EJT37:1098B

五鳳二年五月壬子朔辛巳武安左尉德調爲郡送戍田卒張掖郡　73EJT37:1099A

□□□印　73EJT37:1099B

五鳳元年十二月乙酉朔丁酉壽夫光敢言之屬水官言夫□
為廣地候長謁以籍出得妻子之官敢言之肩水令史蘇得前□
為廣地候長謁以籍出得妻子之官敢言之　73EJT37:1100

居延西道里陳毋房年卅五歲　黑色長六尺三寸　十一月丙　73EJT37:1101

□嬰齊年廿七長七尺二寸黑色　73EJT37:1102

□里士伍周望年廿五　73EJT37:1103

鰈得萬歲里莊襃年廿　　73EJT37:1104

關嗇夫居延金城里公乘李豐卅八　妻大女君仁　子大女𡙒年　子小女倩□　　73EJT37:1105

戍卒夏侯長年卅　行書橐他　　73EJT37:1106

軺車一乘
用馬一匹　十一月戊午北嗇夫豐出　　73EJT37:1107

居延當遂里唐偃年十五　　73EJT37:1108

河南郡雒陽段里公乘封曼　　73EJT37:1109

■右上黨郡第卅二車　　73EJT37:1110

梁國戍卒蓄樂陽里大夫周利年五十二　　73EJT37:1111

橐他□隧……

建平四年家屬符　73EJT37:1112

令史居延沙陰里大夫王嚴年廿九　73EJT37:1113

茂陵孔嘉里公乘□　73EJT37:1114

□來勳光即報中□□不可忽不宜假　73EJT37:1116

□　官牛車一兩　十一月入　73EJT37:1115

延水令史孫仁　73EJT37:1117

月壬午北嗇夫豐出　73EJT37:1118

悉意里王鳳年五十　73EJT37:1119

居延完城旦大男梁奉宗　73EJT37:1120

出賦錢六百／　給始安隧長李　73EJT37:1121

八月丙申出　　73EJT37:1122

昭武擅利里弟侯彭且年廿三　　車二兩牛三　　見將車　△ノ　　73EJT37:1123

建平元年十月庚申朔戊子廣地候移　　73EJT37:1124

鰈得當富里萬去疾　　73EJT37:1125

劍一弩一矢五十　　73EJT37:1126

肩水金關　　73EJT37:1127

車一乘毋苛留止如律令　　73EJT37:1128

□十步　能諷薰火品約　ノ　　73EJT37:1129

廣地令史鰈得安漢里公乘杜破胡年廿七　　長七尺五寸黑色　軺車　　73EJT37:1130

乘軺車駕騮牡馬一匹齒六歲　三月戊寅　73EJT37:1131

守令史段武葆之武威金城張掖居延酒泉郡界中河津　73EJT37:1132

敢言之□□長……
以令取傳謹疎年長物色謁移肩水金關出來復傳敢言之
水金關如律令／掾延年佐宣　73EJT37:1133

鬼謂關嗇夫吏據書葆
鈃三月如律令

憲謂關嗇夫吏據書葆　妻子收責橐他界中名縣爵
盡十二月如律令　73EJT37:1134

子男恭年廿　73EJT37:1135

字翁兄　皆以十一月己酉出　73EJT37:1136

四歲高六尺　三月□□入　73EJT37:1138

乘章襄年卅五　牛一頭車一兩
……　73EJT37:1137

得順日地且予錢黨曰諾順日今爲錢浣之順告　73EJT37:1139

二月癸丑出
三月癸酉入南與吏俱吏入　73EJT37:1140

河南郡滎陽縣蘇里公乘□　73EJT37:1141

二人牛車廿三兩　73EJT37:1142

直三百五十願以錢□　73EJT37:1143A

□巨君蔡君□□□
誠忘之以故如氏巨君　73EJT37:1143B

符　牛車一兩
弩一矢五十
二月已酉出　73EJT37:1144

十二月□　73EJT37:1145

字君仲　謝沿　73EJT37:1146

肩水司馬令史侯豐　十二月辛巳出□　73EJT37:1147

五月十七日辛巳除廿一日乙酉受遣
閏月十日甲辰發　73EJT37:1148

五鳳三年八月乙巳朔丁卯橐他塞尉幸敢言之遣
家屬私使鰈得唯官爲入出符敢言之　73EJT37:1149

府守屬臧護
妻鰈得長壽里大女臧服君年卅五　牛車一兩　正月戊寅出
子小男憲年十四卩　用牛二　二月癸卯入　73EJT37:1150

北辟外垣西面□程
賦閣已歸東部卒四人以衆人出脫卩
令士吏將餘卒持五人食詣駟望並持方銎矛歸之・出脫卒閣在府令袤亭卒持
各有受閣令持矛去並取利絑穿即持皮來令持三皮予服胡千秋爲僵治綺　73EJT37:1151A

東部三　　左後三　　歸如意卒張同爲記遣令持其歸去卩
南部二　　士吏張卿二　遣卒蓋宗詣報胡代馬遂令亭□□卩
北部五　　一騂北矛　臨利二　　歸禁姦卒同卩
　　　　　　　　　　　　　鼓下餘十五石五　73EJT37:1151B

戍卒觻得新都里士伍張翊年廿三　　　73EJT37:1152

戍卒昭武宜衆里上造王武年廿三　病　卩　　　73EJT37:1153

觻得市陽里公乘王常年卅五長七尺二寸　　　73EJT37:1154

隴西始昌里知實年廿六長七尺五寸　黑色　　　73EJT37:1155

觻得安定里衛宗年廿五　長七尺五寸黑色　　　73EJT37:1156

延年卅九長七尺三寸黑色　步　　　73EJT37:1157

長七尺二寸黑色馬　十一月己丑五入　73EJT37:1158

居延卅水丞孫就　輜車一乘用馬一匹　73EJT37:1159

居延卅水丞琭就　輜車一無用焉一

酒泉西會水富昌里公乘郭歆年卅八　大車一兩　用牛二頭　73EJT37:1160

大車一兩　用牛二頭

大車一兩　七月丙寅出　負□
□□　73EJT37:1161

□□□年十月庚申朔癸亥橐他塞尉……
肩水界中官除如牒書到出入如律令　73EJT37:1162A

張掖橐塞尉　即日嗇夫豐發
……以來　門下　73EJT37:1162B

錢入其縣邊以見錢取庸往者姦黠民受錢爲庸去署亡犯法不已事藥不可長諸庸卒不已事　73EJT37:1164

如律令　73EJT37:1165

令史遂　73EJT37:1166

……

屬可校居延部縣農官穀乘所占用馬當舍傳舍　73EJT37:1167A

張掖大守章

……
張掖大守章

73EJT37:1167B

□級年十八　豐郭迹塞外君級戎收責橐他界中盡十二月止
□年十七

級年六　□豐郭杰寰弘級　戎收責橐他界中盡十二月止

73EJT37:1168

今餘米九石三斗三升　73EJT37:1169

六餘米九石三斗三升

□武敢言之謹寫移敢言之　73EJT37:1170

甲渠尉史萬臨已入　軺車　73EJT37:1171

□年長物色謁移肩水金關以致籍出來　73EJT37:1172

京輔都尉政丞咸霸陵園令博東園令放霸陵　73EJT37:1173+1183

遺弟𥳑得步利里程普年□　73EJT37:1174

二月癸巳肩水行候事駅北亭　73EJT37:1175

所縣道河津關遺守屬陳宗
掾弘屬□　73EJT37:1176

毋苟留如律令／掾廣令史彭　73EJT37:1177

守丞臨移過所縣道張　73EJT37:1178

□字偉君　四月甲　73EJT37:1179

子小男樂年六　73EJT37:1180

□立以来　73EJT37:1181A

……遺亭長……　73EJT37:1181B

六月乙巳　73EJT37:1182

五鳳四年三月壬申朔癸酉令史登敢言
同縣故里柳廣偕乘所占騅牡馬一匹白驈左□
侯國門亭河津勿苛留如律令
三月癸酉陰平守丞襄寫移　73EJT37:1184

居延金城里男子□　73EJT37:1185

敢言之富里男子張良自言與同縣宜□
鄉……如牒毋官獄徵事當得取傳
……河津關寫移毋苛留如律令　73EJT37:1186A

｜掾晏守令史□　73EJT37:1186B

史昌佐定　73EJT37:1187
……

令安世守丞聖移過所縣邑案如書以從事／掾彊令史兼　73EJT37:1188

□北鄉嗇夫黨敢言之樂里男子馬晏　　73EJT37:1189

用馬一匹留牡齒十三歲高六尺
□騎馬一匹留牝齒十五歲高六尺二寸　十二月庚辰北嗇夫豊　　73EJT37:1190

水金關出入如律令敢言之　　73EJT37:1191A

□印……　73EJT37:1191B

已出　葆作者步利里李就年卅字子威
　　已出　　73EJT37:1192

車二乘馬二匹其一匹驪牡齒六歲　七月癸未北出齎夫欽出　　73EJT37:1193

河平四年五月壬子朔甲子……　　73EJT37:1194

葆繇得步里公乘趙明年十八　　大車一兩
用牛二頭　　二月丙申出□　　73EJT37:1195

□所如律令　／掾長守命史歆　　73EJT37:1196

……

戍卒名籍　　73EJT37:1197A

此素府不以孔隩敢言

謁言府叩頭死罪敢言　　73EJT37:1200A

謁取之毋忘也　□　□　73EJT37:1199B

□□□北部候史王卿……　　73EJT37:1199A

主吏卒候望備盜賊为職迺二月　　73EJT37:1198

卒名籍　　73EJT37:1197B

異異　　步　　73EJT37:1200B

五斗‧又前送城尉酒石二斗　　章子元十四‧凡四百八十四　　73EJT37:1201

建平元年十一月甲辰居延令彊守丞　　移過所縣道河津關遣守　　73EJT37:1202

市丞鑾卿臨謁言敢言之　　73EJT37:1203A

今己巳治癸丑治之食廿人可之……　　73EJT37:1203B

元始三……（字被削去）　　73EJT37:1204

張掖郡□田卒鱳得樂安里公士嚴中…… 73EJT37:1205

戍卒趙國柏人高望里　73EJT37:1206

建平三年正月癸未朔
……張掖酒泉　73EJT37:1207

長七尺黑色　子小　73EJT37:1208

雒陽安國里大夫樊辯年卅四長七　73EJT37:1209

｜掾意令史相　73EJT37:1210

盡十二月止　73EJT37:1211

□年卅　73EJT37:1212

乞鞫囚刑忠名籍如牒書　73EJT37:1213

凡百卅二人　73EJT37:1214

傳致籍　73EJT37:1215

當取傳謁移過所縣邑侯國門亭河津　73EJT37:1216

葆雲里上造曹丹年十七 ノ　73EJT37:1217

自言為府卒史朱賢　73EJT37:1218

尺三寸　73EJT37:1219

河南郡雒陽榆壽里不更史勢年卅長七尺二寸黑　73EJT37:1220

受延隧卒周蒼　73EJT37:1221

南陽宛邑令史段護大奴全□　73EJT37:1222

□禁姦隧長贏　73EJT37:1223

朁得千秋里不更李齋年卅二□　73EJT37:1224

……
……
二月丁卯武騃期門侍郎臣延壽持節奉
　傳第九十七
　73EJT37:1225

緣薦四阜布緣　73EJT37:1226

卒憙見□　73EJT37:1227A

叩=頭=必予　73EJT37:1227B

軺車一乘馬一　四二月己酉出　73EJT37:1228+1346

建平元年七月辛卯□
……　73EJT37:1229A

彭陽丞印　73EJT37:1229B

入關□　73EJT37:1230A

出入關傳　73EJT37:1230B

□貞年卅六　73EJT37:1231

定伏地言
……　73EJT37:1232A

侯掾　73EJT37:1232B

行候事謂關嗇夫吏　73EJT37:1233A

令史嚴　73EJT37:1233B

十九人　73EJT37:1234

他界中出入盡十二月　73EJT37:1235

馬車牛一兩　73EJT37:1236

時子張都鄉嗇夫　73EJT37:1237

子男䍴得步利里　73EJT37:1238

朔丙辰鵱陰長
□□□□　傳　73EJT37:1239

收責橐他□
二年九月□　73EJT37:1240

牛車一兩　73EJT37:1241

更左戍年廿五　兄子□　73EJT37:1242

車二兩　73EJT37:1243

戍卒淮陽國甯平邑　73EJT37:1244

河南卷始昌里爰建　73EJT37:1245

田卒濟陰郡定陶前安里不更李千秋　73EJT37:1246

豐佐仁送客行書橐　73EJT37:1247

令史襄敢言之䍴得男子孟　73EJT37:1248

□候史　73EJT37:1249

戍卒南陽郡宛邑道□　73EJT37:1250

戍卒淮陽國苦□　73EJT37:1251

如律令敢言之　73EJT37:1252

券　73EJT37:1253A

券　73EJT37:1253B

□佐忠　73EJT37:1255

卄忠

建平元年正月甲　73EJT37:1256

田絬甯邑

田卒河南郡密邑　73EJT37:1258+1291

□吏送致縣次傳續食　73EJT37:1259

……所……
□□取傳謁移過所縣道河津　73EJT37:1261

正月丁酉……　73EJT37:1262

三美千八百

出錢千八百　73EJT37:1264

·右一人輸䓎□　73EJT37:1265

□居第五亭印賦筭給　73EJT37:1266

張掾急□□　73EJT37:1254

□年五月己亥□　73EJT37:1257

夏侯忠　73EJT37:1260

里陳安世大婢財□　73EJT37:1263

居延鞮汗里□　73EJT37:1267

鱳得成漢里上　73EJT37:1268

當舍傳舍□　建……　如律令　兼掾□　73EJT37:1269

73EJT37:1270

□年三月吏　73EJT37:1271

卒史奴軺　73EJT37:1272

釀錢三百五　73EJT37:1273A

□　73EJT37:1273B

叩頭死罪敢言之　73EJT37:1275+1276+1274

□五束率人七十五□　73EJT37:1277

錢少百五十今　73EJT37:1278A

□賜記□　73EJT37:1278B

一封詣城官　73EJT37:1279A

□　73EJT37:1279B

□尹鳳年　73EJT37:1280

甲戌　卒□　73EJT37:1281

□且鹿候長　73EJT37:1282

居延守獄史王常寫　73EJT37:1283

孝子山　　73EJT37:1284A

□□　　73EJT37:1284B

書到出入如律令　　73EJT37:1285+1297

夫莊況年卅　　73EJT37:1286

九人　　73EJT37:1287

敢言之　　73EJT37:1288

齒十五歲　以□　　73EJT37:1289

夫所勳年廿六　四　長六尺　　73EJT37:1290

命屬此□　　73EJT37:1292

居豐上坐豐□　　73EJT37:1293

當得取傳謁移　　73EJT37:1294

歲長七尺二寸黑　　73EJT37:1295

移金關都尉　　73EJT37:1296

□弩一矢卅　　73EJT37:1298

次長坐前萬年毋恙叩頭……　　73EJT37:1299A

及京幸得關掾馬卿幸哀憐……　73EJT37:1299B

建平五年九月壬寅□　73EJT37:1301

年廿二長六尺七寸　73EJT37:1300

永　73EJT37:1303B

辛忠　73EJT37:1304A

敢言之　73EJT37:1302

□　73EJT37:1304B

□受　73EJT37:1303A

年卅一　73EJT37:1305

尉史□　73EJT37:1306

出錢六十王殷貸
出錢三百卅王譚貸
出錢百一十王武貸　73EJT37:1307A

□二石八斗又麥一石　73EJT37:1307B

其一人養
定作九人得茭六□　73EJT37:1308

御史大夫吉下扶風廄承書
當舍傳舍如律令　73EJT37:1309

移過所河津關肩水金關出入
博守丞戎移金關居延縣索關　73EJT37:1310

申朔庚午肩水驛北亭長何以私印
□縣里年姓如牒書到出入如律令　　73EJT37:1311

大凡千一百七十四　　73EJT37:1312B

出錢卅七常良貸　　出錢十五侯盧貸
出錢七十一陳功貸　出錢十四郭良貸
出錢二百七十七李放貸　凡九百卅四　　73EJT37:1312A

年二歲　乚
五　乚　正月癸酉北出　伏匿車一乘　乚
馬一匹騂牝齒六歲高五尺八寸　乚　　73EJT37:1313

肩水候官
張掖□□□印
九月己亥驛北卒林赦之以來　　73EJT37:1314

信年卅五
年十五
·送迎收責　橐他界　　73EJT37:1315

甲寅　日中一分一通
餔二分一通三分一　　風　　73EJT37:1316

戍卒趙國邯鄲平阿里吳世　　73EJT37:1317

戍卒南陽郡葉昌里楊意年卅九　　73EJT37:1318

戍卒淮陽國甯平故市里大夫丁臣年卅□　　73EJT37:1319

戍卒濟陰郡桂邑千秋里大夫左實年卅長七尺　　73EJT37:1320

夫高安國年廿四長七尺二寸黑　　73EJT37:1321

高六尺　……　　73EJT37:1322

□張林年十三黑色　長五尺七寸　　73EJT37:1323

鱳得萬年里姚宮年卅字子胥　　73EJT37:1324

居延亭長延年里大夫陳輔年廿三長七尺三寸黑色　　73EJT37:1325

從者安樂里大夫薛市年廿九　長七尺五寸黑色　　73EJT37:1326

日置佐威受卒趙詡　　73EJT37:1327

里公大夫陳得年卅五長七尺二寸黑色　　73EJT37:1328

積落隧卒孫建　五石　　73EJT37:1329

雒陽謝里不更尹□　73EJT37:1330

鮥得騎士成漢里張安　73EJT37:1331

□長七尺二寸黑色　卩　73EJT37:1332

戍卒濟陰郡　73EJT37:1335

鮥得東鄉敬兄里□　73EJT37:1333

長七尺二寸黑色小鞮衣皁繒襲白布襜褕　劍一　73EJT37:1334

表是常樂里□宣年廿三　73EJT37:1336

居延亭長孫妻　軺車一兩　馬一匹　73EJT37:1337

□　車牛一兩　73EJT37:1338

中部五鳳三年正月吏卒被兵簿　73EJT37:1339

吏民出入關傳　73EJT37:1340

正月壬寅入　73EJT37:1341

□故里左賢年廿三　十一月甲申南關佐音入　73EJT37:1342

步入以二月出　73EJT37:1343

卒段德爲取　73EJT37:1344

以食登山隧卒孟長安三月　73EJT37:1345

聚子男奉等十　73EJT37:1347

吉　73EJT37:1348

界中　73EJT37:1349

□唯□　73EJT37:1350

□媛心　～　73EJT37:1351

關遣候長趙審爲官市名縣　73EJT37:1352A

令史嘉　73EJT37:1352B

□外橐他界中　73EJT37:1353+1358

申朔　73EJT37:1354

……仁罪容姦力　73EJT37:1355

里大夫宋之　73EJT37:1356

□三千　　73EJT37:1357

冤句廣里大夫　　73EJT37:1359

□西部□　　73EJT37:1360

郭迹塞　　73EJT37:1361

騎士成漢里□　　73EJT37:1362

□爲肩水塞尉　　73EJT37:1363

□謁　　73EJT37:1364

如律令　　73EJT37:1365

……出關　　73EJT37:1366

告之至意甚深厚叩"頭"願□　　73EJT37:1367A

嗇夫=人坐前毋恙頃者舍中□　　73EJT37:1367B

午朔壬寅南部候長敞□□　　73EJT37:1368

……居延都尉胡驛一人□□　　73EJT37:1369

見　居延富昌里……　　73EJT37:1370

食盡十二月十日　73EJT37:1371

……襲袍　73EJT37:1373A

……　73EJT37:1373B

□　73EJT37:1372

肩水金關　73EJT37:1374

居延都尉門下史夏憲叩頭
事金關嗇夫許掾門下奉教　73EJT37:1375A

□史　73EJT37:1375B

五鳳四年六月戊申
橐他故駮亭長符

亭長閻得葆昭武破胡里公
葆繰得承明里大夫王賢年十五□
葆昭武破胡里大女秋年十八歲

（簡左側有一刻齒）　73EJT37:1376

□亥朔庚午居延丞順移過所遣守令史郭陽送證繰得獄當舍
令　守令史宗佐放

73EJT37:1377

建平四年正月丁未朔癸丑肩水候
里官除年姓□名縣書到出入

73EJT37:1378

神爵三年四月庚午朔甲戌廣地候遺移肩　（觚）

73EJT37:1379A

付□□將省卒四人詣府檄到毋留止□　（觚）

73EJT37:1379B

子女呈配年六小

神爵五年二月庚寅朔辛卯駿鄉嗇夫仁敢言之道德里樵威自言田張掖郡居延界中□

……

73EJT37:1380A

印曰霸陵右尉　　73EJT37:1380B

長安水上里丁宣年卅五　乘蘭輿車驪牡馬一匹齒十二歲高五尺八寸　　73EJT37:1381

二寸黑色　軺車二乘馬三四・弓一矢卅　　73EJT37:1382

牛車一兩　劍一弓一矢五十　　73EJT37:1383

牛車一兩
用牛二頭　　73EJT37:1384

□五年四月　車牛一兩　73EJT37:1385

河南落陽東鄉上言里趙武年廿九　馬一四駹白牡　73EJT37:1386

□隧長孫昌　去署亡　73EJT37:1387

長七尺五寸　十二月己酉出　73EJT37:1388

居延城倉令史陽里公乘徐占年廿七　長七尺五寸黑色　73EJT37:1389

□游安世年卅六黑色長七尺二寸　二月甲午出　　73EJT37:1390

居延復作大男孫奉　　73EJT37:1391

□長明里杜賢年卅　卩　　73EJT37:1392

□得卅二　　73EJT37:1393

充保魏郡陰安倉正里士五張武年卅□□　　73EJT37:1394

里李弘年廿七　□　　73EJT37:1395

元延元年士月甲子朔辛卯橐他守塞尉宣移肩
……
元延元年十一月甲子朔辛卯橐他守塞尉宣移肩
……
73EJT37:1396A

十一月辛卯以來
十一月辛卯以來　君前　　73EJT37:1396B

……敢言之田卒所假長安

東陽亭長忠付臨渠令史華信陌史柳　　73EJT37:1397A

□□　□乘軸□　　73EJT37:1397B

□符　　73EJT37:1398A

傳　十月辛亥□□□取　　73EJT37:1398B

表是常樂里公乘陳宣年廿　　73EJT37:1399A

表是　　73EJT37:1399B

元延三年三月　　73EJT37:1400A

吏民出入關致　73EJT37:1400B

雲丞欽謂過所縣道津關　從者如律令　73EJT37:1401

津關遣掾孫萬爲官　73EJT37:1402

肩水金關　73EJT37:1403

元延二年三月壬戌朔戊寅守□　壬寅掾憲□□□謁□□　73EJT37:1404

……乀　大婢益息長七尺乀　葆……　馬一匹騮牝齒十五歲高六尺乀　73EJT37:1405

肩水庫嗇夫王護　妻大女君以年卌　子大男鳳年十七　子大男襃年十六　73EJT37:1406

□寫移肩水候官書到　73EJT37:1407

建平元年正月壬子張掖□　73EJT37:1408

年姓如牒書到出入如律令　73EJT37:1409

謹移葆出入關符　73EJT37:1410

□□　□□關卅井關　73EJT37:1411

八尺平二　其一□　一□　73EJT37:1412

鑠得廣昌里田萬年六十六字長賓　方相車一乘　73EJT37:1413

鑠得宜産里大夫王多牛年廿二　73EJT37:1414

田卒河南郡密邑東平里陳悥年卅四　73EJT37:1415

八月庚午匽師丞義移過所河津門亭勿　73EJT37:1416

陽武廷里魯□　73EJT37:1418

□長七尺五寸黑色　輣車一乘馬一匹　五月丁亥出　73EJT37:1417

牛十一月入　73EJT37:1419

……
……謹案賢並毋官獄徵事當爲傳謁移廷□

73EJT37:1420A

□丞印　73EJT37:1420B

……府書□□□年盡□□□　73EJT37:1421A

都尉府書曰假佐□□除盡十二□　73EJT37:1421B

嗇夫豐出　車□　73EJT37:1422

月甲子朔壬辰肩水候憲　73EJT37:1423A

守□　73EJT37:1423B

□守府　八月乙丑入　73EJT37:1424

棄他卻適隧長孟　　73EJT37:1425

□月六日出　持皁袍一領　　73EJT37:1426

子大夫永年廿七

車二兩

用馬三匹　　73EJT37:1427

鱳得長秋里杜買　馬　牛　　73EJT37:1428

・辭護若令辭者罰金一斤　　73EJT37:1429A

辭譚者本辭者罰金一斤

十三　　73EJT37:1429B

令史居延孤山里常熙年冊　送客校書橐他界中　73EJT37:1430

戍卒隱強成陽里公乘尹曼年冊二　丿　73EJT37:1431

肩水鄣卒董習　行書橐他界中盡十二月　73EJT37:1432

賤子聖謹請使再拜　73EJT37:1433

□與□□□……　73EJT37:1434

……勿苛留止如律令敢言之
三月戊寅居延丞忠移過所如律令／掾陽守令史誼

73EJT37:1436

兄兄兄

73EJT37:1435

□庚子雒陽守丞況移過所毋留如律令／掾宣令史賢

73EJT37:1437

順伏地言
……因道順丙子到治所毋它急

73EJT37:1438

正月壬子橐他北部候長勳以私印行候事寫移書到出
……正月如律令

73EJT37:1439

願且貸七十一錢乃爲行道用者不宜□財不行出入叩頭　73EJT37:1442A

子□孫元延三年□丘得毋有它急如牒　73EJT37:1441B

肩水金關居延縣索關隧次行　73EJT37:1441A

□□□□□　73EJT37:1440B

元元
元元□□居□□□□□叩"頭"　73EJT37:1440A

劉儀伏地叩頭庚都卿屬□□□陳愚□道今北毋錢　73EJT37:1442B

居延都尉守屬趙武年卅五　乘軺車一乘用馬一匹騧牡齒四歲高五尺　73EJT37:1443

南陽宛北當陽里公乘范有年卅長七尺二寸黑色　73EJT37:1444

河南郡雒陽榆壽里不更史勢年廿四長七尺二寸黑色　五月辛　73EJT37:1445

犪得富里公乘孫捐之年廿長七尺二寸黑色　73EJT37:1446

忠從弟氏池安定里公乘朱福年卅五長六尺八寸黑　73EJT37:1447

■上黨郡神爵五年　73EJT37:1448A

右九月北書四輩　　／　73EJT37:1449

■上黨郡神爵五年戌　73EJT37:1448B

元延二年三月壬戌朔丁丑居延甲井候譚移過縣道河津
市上書具鰯得當舍傳舍從者如律令　　尉史忠　73EJT37:1450

元延元年七月丙寅朔丙寅東鄉嗇夫豐佐章敢言之道德
使之張掖郡界中願以令取傳・謹案戶籍臧官者豐爵公士　73EJT37:1451A

允吾丞印　73EJT37:1451B

元延四年九月戊寅朔丁酉都鄉有秩訴敢言
更至五年八月更封敢言之
九月丁酉茂陵令閣丞護移轢得如　　73EJT37:1452+1460

□月甲寅朔庚申東鄉有秩禁敢言之西函里男子
獄徵事當爲傳謁移過所縣邑侯國郵亭津　　73EJT37:1453

綏和二年十二月甲子朔己丑宛邑市丞華移過所縣……
諸責人亡賊處自如弘農三輔張掖居延郡界中當舍傳舍……　　73EJT37:1454

乘方相車駕□
其一牛墨介齒八歲丿　　孔長伯任　　七月戊午入　　73EJT37:1455

建平五年七月　　73EJT37:1456

建平四年正月家屬出入盡十二月符　　73EJT37:1457

張掖肩水東望隧長轢得敬老里不更騶惲　　73EJT37:1458A

田卒河南郡新鄭章陽里公乘朱兄年卅　　73EJT37:1459

□□　　73EJT37:1458B

鰲陰佐王匡年十八　已出　　73EJT37:1461

建平三年二月壬子朔癸丑……
之張掖郡界中謹問里父老王護正同皆任占並毋官獄徵事當為傳謁移過所縣邑
……如律令
　　　敢言之
　　　　　73EJT37:1462A+1471A

臨菑丞印　　73EJT37:1462B+1471B

橐他隧長吾惠葆
妻屋蘭宜春里大女吾阿年卅
阿父昭武萬歲里大男胡良年六十九　□
　　　　　73EJT37:1463

曲河亭長昭武長壽里公乘李音年廿九　御史　　73EJT37:1464

益池里公乘王壽年卅八長七尺黑　　73EJT37:1465

鱳得定安里趙勳年卅五　車一兩牛二頭　十二月癸亥北出　73EJT37:1466

肩水金關　□　73EJT37:1467A

肩水金關　73EJT37:1467B

四月丙辰居延令□　73EJT37:1468A

縣官□□　73EJT37:1468B

正月癸未入　73EJT37:1469

□□東平陽里公乘呂□年廿□　73EJT37:1470

辰橐他候曾移肩水金關石南亭長　73EJT37:1472

……

子朔戊寅東郷嗇夫宗敢言之富里周護自言為金城允吾左尉樊立葆願

73EJT37:1473

□　入　　73EJT37:1474

里□護自言□□□□□□□□

73EJT37:1475

河南雒陽南堂里不更□

73EJT37:1476

當□里共意年卅　　大車一兩

……

大車一兩

73EJT37:1477

七月壬子居延令勝之丞延年移肩水金關

73EJT37:1478

葵子五升直廿

……

73EJT37:1479

一編敢言之　　73EJT37:1480

......
恭敢言之應里張林自言取傳爲郡送錢□　　73EJT37:1481

□令史長　　七月戊子入　　73EJT37:1483

......肩水金關居延縣索關出入
鄉嗇夫當內　　·䳒守左尉印　　73EJT37:1482

......取傳謁移肩水
七月庚戌鰈得長□丞臨移過所亭□□　　73EJT37:1484A

鰈得長印　　73EJT37:1484B

八月辛亥出　　73EJT37:1485

字曼卿八月丁卯出　　73EJT37:1486

十餘日解破之以爲兒衣狹遺其補☐

73EJT37:1487

敢言之　　73EJT37:1488

更敢言之謹案武宗年爵如書敢言之
……
73EJT37:1489

東部候長☐☐　　73EJT37:1490

☐寅朔已酉都鄉嗇夫武敢言之龍起里房則自言願以令取傳爲居延倉令史徐譚葆俱迎錢
上河農・謹案戶籍臧鄉者則爵上造年廿歲毋它官獄徵事當得以令取傳與譚俱謁移過所縣道河津關
毋苛留止如律令敢言之
九月庚戌居延令彊守丞宮寫移過所如律令／兼掾臨守令史襃

73EJT37:1491

淮湯陳國朱里蔡畢　卩　　73EJT37:1496

鰈得敬老里士伍何偉字上年五十二　車一兩用牛二　　73EJT37:1495

左後部建平二年　行塞亭隧名　　73EJT37:1494

弘農郡陝縣中里張忠年卅五長七尺二寸黑色　　73EJT37:1493

戍卒上黨郡穀遠爵氏里公乘高安平　年廿五長七尺一寸黑色　　卩　　73EJT37:1492

梁國戍卒薔□中里大夫桓志年卅五 　／　／　　73EJT37:1497

視事敢言之　　73EJT37:1498

史昌敢言之遣倉嗇夫勝之移簿大守府與從者始至里陳未央俱
謁移過所縣道關毋苛留止如律令敢言之
律令　｜掾宗守令史昌
　　73EJT37:1499A

以來
　　73EJT37:1499B

元延四年九月己卯居延都尉雲謂過所縣道津關道守屬李尊移簿
□□當舍傳舍從者如律令
　　　　……
　　73EJT37:1500

□午城司馬　兼行居延令事守丞義移過所津關遣亭長朱宣載

俱對會大守府從者如律令　　／兼掾臨守令史豐佐昌

73EJT37:1501

年十二月辛未朔甲戌張掖廣地候況移肩水金關吏使

里年姓如牒書到出入如律令

73EJT37:1502A

□

守令史悍

73EJT37:1502B

建平元年四月癸亥朔甲申廣地候況移肩水金關候詣府名縣爵里年姓如

牒書到出入如律令

73EJT37:1503A

廣地候印　令史嘉

73EJT37:1503B

肩水都尉孫賞　未到　十一月乙卯南嗇夫豐入　73EJT37:1508

助府佐徐臨　軺車一乘　馬一匹驊牡齒四歲　十月戊子北出　73EJT37:1507

□府佐淳轄　　　　　　　　73EJT37:1507

雜里女子張驕年卅五　大車一兩　用牛一黑犗齒九歲　73EJT37:1506

□□里元子□□□　　　　73EJT37:1506

茂陵精期里女子聊碧年廿七　軺車一乘馬一匹　三月癸亥入　73EJT37:1505

□陵精期里女子聊□　　　　73EJT37:1505

□寫　73EJT37:1504A

元康四年六月
吏民出入傳籍　73EJT37:1504B

肩水金關漢簡（肆）　二三二

居延司空佐張黨

葆卅井里九百同

軺車一乘馬一匹　十月壬午北嗇夫豐出　73EJT37:1509

居延□長黨□

軺車一乘

馬一匹　十月壬申北嗇夫　73EJT37:1510

茂陵常賀里公乘莊永年廿八　73EJT37:1511

臨利卒纕得長秋里閔奄年廿三　二月食廩臨利倉

三月食巳廩　73EJT37:1512

辛酉出關　73EJT37:1513

通道亭長虞憲　母昭武平都里虞俠年五十　十一月壬寅候史□□

十二月丁巳北嗇夫豐出　73EJT37:1514

□月辛卯兼亭長並出　73EJT37:1515

右第五車蒲反亭長樂賀　主　十人　73EJT37:1516

右第五車蒲反亭長樂賀　主　十

隧
林隧　元延三年七月丁巳夜食五分騂北卒賀受莫當隧卒同　73EJT37:1517

林隧
元延三年十月己亥食大縣北卒賀頭莫當陵卒同

九月丙子氐池守長昭武尉異衆丞丹移肩水金關居延縣索寫移　73EJT37:1518

九月丙子氐池守長昭武尉異衆十月移肩水金關居延縣兩寫移

事謂關嗇夫吏＝所葆縣里年姓如牒書到出入盡十二月　73EJT37:1519

事謂關嗇夫＝所葆縣里年姓如牒書到出入盡十二

居延亭長李兼　馬一匹騮牝齒九歲　73EJT37:1520

肩水司馬行居延都尉事……　73EJT37:1521

□游徼左裹　馬一匹騮牡齒十歲　十二月丙子　73EJT37:1522

昭武都田嗇夫居延長樂里　73EJT37:1523

酒泉張掖武　73EJT37:1524

出賦錢九百　73EJT37:1525

何應北界又　73EJT37:1526

津關遣候從史顏　73EJT37:1527

……

橐他中部候長程忠　妻大女欒得富安里　子小女買年八歲　子小女遷年三歲　73EJT37:1528

神爵二年五月乙巳　　73EJT37:1529

之遣廄佐輔對會大守　　73EJT37:1530

建平三年十月□□　　73EJT37:1531

……移□□金關遣就人名籍如牒　　73EJT37:1532A

候史丹發　□　　73EJT37:1532B

五鳳四年五月丁丑廣地候豐（檢）　　73EJT37:1533A

檄到出入毋苛留如律令（檢）　　73EJT37:1533B

館里陳道送……如律令　/守令史猛　73EJT37:1536B

元年二月庚午橐他候遽移肩水候官遣橐他隧長常年戌卒……　73EJT37:1536A

館里冀巷等四人詣僵落作所因迎罷省卒四人檄到往來願令史（觚）　73EJT37:1535B

五鳳三年四月甲戌橐他候博移肩水候官遣隧長勝（觚）　73EJT37:1535A

■以此南神爵元年盡四年吏民出入關致籍　73EJT37:1534

75%　75%

始建國二年五月丙寅朔丙寅橐他守候義敢言之謹移橐當
隧守衙器簿一編敢言之

73EJT37:1537A

令史恭

73EJT37:1537B

·橐他莫當隧始建國二年五月守　衙器簿　73EJT37:1538

驚米一石　深目六　大積薪三　73EJT37:1539

長斧四　沙二石　瓦帚二　73EJT37:1540

驚糒三石　草薫一　汲器二　　73EJT37:1541

皮胃草䔍各一　瓦枓二　　73EJT37:1542

承弔四　瓦箕二　　73EJT37:1543

薫火皿板一　煙造一　畚一　　73EJT37:1544

馬矢橐一　布表一　儲水甖二　　73EJT37:1545

·稾他莫當隧始建國二年五月守衛器簿 73EJT37:1546

茹十斤 鼓一 木椎二 73EJT37:1547

茄十斤 破釜一 鐵戉二 73EJT37:1548

木面衣二 破釜一 鐵戉二 73EJT37:1548

芳橐一 布蓬三 塢戶上下級各一 73EJT37:1549

長科二 槍卅 狗籠二 73EJT37:1550

連梃四 芮薪二石 狗二 73EJT37:1551+1555

布緯三糒九斗　轉射十一　小積薪三　　73EJT37:1552

長棓四　木薪二石　小苣二百　　73EJT37:1553

長椎四　馬矢二石　程苣九　　73EJT37:1554

□二具　蓬干十二　梜楪四　　73EJT37:1556＋1558

弩長臂二　羊頭石五百　塢戶關二　　73EJT37:1557

寫□□　　73EJT37:1559

守丞宫移卅井縣索□　　73EJT37:1560A

□　□□　　73EJT37:1560B

□行塞函　　73EJT37:1561A

□水候□□□□□　　73EJT37:1561B

建平四年正月家屬出入盡十二月　　73EJT37:1562

□隆行大守事丞成下部都尉郡庫……　　73EJT37:1563

居延司馬行□□□□□□□□□□□□□□　　73EJT37:1564

威卿偶仲孫任　十一月癸亥候史丹內　　73EJT37:1565

葆梁樂成里蔡臨年廿丿　　73EJT37:1566

□□　□遷直肩水候　73EJT37:1567

□□　敬老里王□年十四　方箱車一□
用馬一匹騂　73EJT37:1568

年六月壬戌□□□□守令史臨敢言之□　73EJT37:1569

……願報謁之幣盡府　73EJT37:1570A

魏長兄　73EJT37:1570B

會水□□章　73EJT37:1571A

……　73EJT37:1571B

囊他□
爲□□　73EJT37:1572

· 樂府卿言齋□後殿中□□以不行……迫時入行親以爲□常諸侯王謁拜正月朝賀及上計飤鐘張虞從樂人及興卒制曰可孝文皇帝七年九月乙未下　　73EJT37:1573

妻大女　　73EJT37:1574

戾四節不舉　　73EJT37:1575

□城　　73EJT37:1576

□牡馬齒十歲高六　　73EJT37:1577

……
居延謹案□□□　　73EJT37:1578A

……　　73EJT37:1578B

以近秩次行大守□　　73EJT37:1579

□近頃□
叩頭再□　　73EJT37:1580A

□願爲今□　　73EJT37:1580B

河上守候史鰈得春舒里不更馮長年廿八　郭迹塞外盡三月　　73EJT37:1581

軨得受信里大夫功防聖事六　長十尺二寸黑☑十五年子人　七月壬辰☑

軨得成信里大夫功師聖年十八　長七尺二寸黑色　七月庚子入　七月壬辰出　卩　73EJT37:1582

軨得新成里公乘王利年卅二長七尺二寸黑色牛車一兩

十二月戊寅出

弩一矢五十　73EJT37:1583

居延廷掾衛豐冊

葆居延平明里劉弘年十九

軺車一乘用馬一匹驒牡齒五歲高五尺八寸　十月癸未北嗇夫豐出　73EJT37:1584

軨得豪上里公士賈武年五十五

不入

子男放年十五不入

作者同里公乘朱音年廿八　十月壬子入　73EJT37:1585A

丞印　73EJT37:1585B

大常郡茂陵始樂里公乘史立年廿七　長七尺三寸黑色　軺車一乘驪牡馬一匹齒十五歲弓一矢五十枚

六月乙巳出　73EJT37:1586

河南郡雒陽東雍里公乘萇通年廿一長七尺二寸黑色　牛車一兩以正月出　73EJT37:1587

居延守令史董並

葆居延始至里男子徐嚴

軺車一乘馬一匹

十月壬午北嗇夫豐出　73EJT37:1588

富貴里公乘夏千秋年廿長七尺黑色弩一矢十二　牛車一兩

十二月辛卯出

閏月己未入　73EJT37:1589

童弟小女貞年九長五尺一寸黑色正則占不□□

占所乘用驪牡馬一匹齒三歲高五尺六寸正則占　73EJT37:1590

肩水金關 H1:1—82

肩水金關　73EJH1:1

十一月□己卯　庚辰　辛巳　壬午　癸未　甲申　乙酉　丙戌　丁亥　戊子　己丑　庚寅　辛卯　壬辰　73EJH1:2

神爵三年六月己巳朔乙亥司空佐安世敢言之復作大男呂異人故魏郡繁陽明里迺神爵元年十一月庚午坐傷人論會二年二月甲辰赦令復
作縣官一歲三月廿九日・三月辛未
罰作盡神爵三年四月丁亥凡已作一歲一月十八日未備二月十一日以詔書入錢贖罪免爲庶人謹爲偃檢封入居延謁移過所　73EJH1:3A

之伏居延令地從子平元長伏爲地爲地伏元子　73EJH1:3B

□辛　庚　初伏　庚　己　後伏　甲　丞相史陳　戊
□酉　辛　卯　申　戊　丑　未　子　卿從居延來　午
　卯　申　寅　己　　　　　73EJH1:4

云京文十五方三人
■右第六十五方三人　多一　73EJH1:5

發所棄之草中□愚不知匿所在今元知所爲長卿侍□

⋯⋯拜⋯⋯

73EJH1:6A

進主茭校長

73EJH1:6B

禽寇隧長秦憙　未得九月⋯⋯十一　卩

73EJH1:7

昭武萬昌里夏寬　牛車一兩　十月丁巳入　卩

73EJH1:8

它人唯子長留=意=延壽伏地言

73EJH1:9

□

□□□

孫子卿

□□□

孫子卿

□□

73EJH1:10A

□　73EJH1:10B

肩水金關　　73EJH1:11

肩水金關　73EJH1:12A

居延卅井候官常寬隧長公乘李廣
・神爵二年功勞案　　73EJH1:12B

安行丞事真官到有代罷　73EJH1:13

本始五年二月己亥朔戊申尉史幸敢言之
□偕案賢等年爵如書毋徵事當爲傳謁移過
二月戊申西華長遣移所縣邑侯國如律　73EJH1:14

久守天門人主絕祀各爲其居國野占　　73EJH1:17

半斗　　出十五蚩廉半升
出笥一合　　出十五地膚半升　　73EJH1:16B

□五腸一睆
□荄一束□通　　　73EJH1:16A

子卿　　73EJH1:15B

置伏地再拜
子卿足下……幸甚□□□□　　73EJH1:15A

當陷平浦阻郡定陶中莊里儋畐

登山隧卒濟陰郡定陶中莊里儋福

　有方一
　曲斻緹紺胡各一　　73EJH1:18

沙頭隧長氏池臨市里馮賢友　　73EJH1:19

肩水令史䌛得樂□里□明　已□　　73EJH1:21

·右付子明錢萬六千　　73EJH1:20

右付子明錢萬六千

夫人御者□　　73EJH1:22B

昭伏地再拜　　73EJH1:22A

昭伏地再拜

□主五大夫子長者爲王次□　　73EJH1:24

䌛得定安里大夫杜平年十六歲　長七尺二寸黑色　　73EJH1:23

驛北五石具弩一　　73EJH1:26

廣地閒都亭長蘇安世妻居延鉼庭里薛存年廿九長　　73EJH1:25

止北隧長常富

六百　卩　　六百自取
自取　　士吏賦　卩

73EJH1:27

□耳賊斬髮皆完爲城旦　73EJH1:28

有識車者歸錢取車沽酒旁二斗王宣知　73EJH1:29

□八人其一人車父
□百卅一人其十六人輸廣地置　馬七四
・凡百卅九人　軺車七兩
　　　□□□　□□□牛車百一十兩
牛百一十二其十五輸廣地遝
73EJH1:30

緩急□□如□有急□
□聞賓緩急家室
73EJH1:31A

充再拜　73EJH1:31B

□□□部三百
……
出八錢
出十□
73EJH1:32A

出十狗肴半升　出□
出十肉脩廿枚　出□
□□
73EJH1:32B

□丘不喜也它　73EJH1:33

□其二人三石弩各一槀矢　73EJH1:34

……
横刀　吏　73EJH1:35A

八□□　　73EJH1:35B

奏　□　　73EJH1:37

□　　甲寅食時　　73EJH1:36

戌卒上黨郡銅鞮中人里大夫陰春　　73EJH1:39

禄福尊賢里公乘趙□　　73EJH1:38

□少史建德下御史承書從事從今萮封印出下當用者　　73EJH1:40

牛車一兩　　73EJH1:41

車四兩人七　　73EJH1:42

報治所敢言　　73EJH1:43

六月戊寅入　　73EJH1:44

戌卒趙國伯人陽春里　　73EJH1:45

恕謂久氏子何爲如此　73EJH1:46

六石弩一射二百　73EJH1:47

錢若即不予建 今　73EJH1:48

□　車一兩　73EJH1:49

戍卒上黨郡壺關雒東里大夫王湯　年　73EJH1:50

居延獄史徐□　73EJH1:51

戍卒上黨郡長子亂里公士趙安世　73EJH1:52

□有白報　73EJH1:53

中部亭長屈始昌年廿三　73EJH1:54

神爵二年□　73EJH1:55

■右伍長王廷年　73EJH1:56

寸黑色　73EJH1:57

之方也思理自外可以知□　73EJH1:58

□召湯　牛車一　73EJH1:59

湯伏地再拜報　73EJH1:60

□如律令　73EJH1:61

一矢十二劍一　卩　73EJH1:62

前迫逐表火　73EJH1:63A

□水　73EJH1:63B

□廿五　長六尺二　73EJH1:64

□奴　73EJH1:65

五月食　73EJH1:66

第二車　73EJH1:67

原壽南長尾里王富
原武庫里□□□
原武南長里張□
□□□園里　73EJH1:68

伏地再拜……
長孫□　□屬見不敢衆辭死　73EJH1:69

戍卒趙國邯鄲□　73EJH1:70

今爲積四百廿三萬"九千七百卌二萬六千五百七十五百"七十九□　73EJH1:71

親年十五長七尺黑色　六月癸未　73EJH1:72

當出內卒〃至□　73EJH1:73A

□過幸〃甚〃　73EJH1:73B

出五十米五斗□　出十□
出廿四牛肉□
……　73EJH1:74

長孫廚　73EJH1:75

乾安樂　73EJH1:76

宜都里李武　牛車一兩
載肩　73EJH1:77

□鄲捐之願卒厚意□　73EJH1:78

□□　□伏地　73EJH1:79A

□□□　73EJH1:79B

富昌叩頭請
……　73EJH1:80A

士吏吳卿在□　73EJH1:80B

□令史爲君用　73EJH1:81A

未宿詣亭
……　73EJH1:81B

見謹道　73EJH1:82A

其人□　73EJH1:82B

肩水金關 H2:1—110

三月辛巳溫丞湯謁移過所縣邑侯國如律令掾輔令史　73EJH2:5A

□□□所占遺亭長宣□歸書到以安世付宣□方關大守府　73EJH2:4

字買　方箱一乘者白馬一匹　73EJH2:3

公乘番和宜便里年卅三歲姓吳氏故驪軒苑斗食嗇夫迺神爵二年三月辛　73EJH2:2

田卒上黨郡涅磨焦里不更李過程年廿五　73EJH2:1

河內溫丞印　　73EJH2:5B

□願以令取致籍遺猛衣用唯廷移卅井縣　　73EJH2:6

出錢千八百　　其六百都君取　　給安農隧長李賜之七月八□　　73EJH2:7

□弩一矢五十　卩　馬一四　　马　　73EJH2:8

□□□　　方箱一乘駃牝馬一匹齒十四歲　　73EJH2:9

居延臨仁里小女孫召令年二長三尺黑色　73EJH2:10

・東部甘露二年三月吏卒被　73EJH2:11

張掖大守延年肩水倉長湯兼行丞事謂轢得以爲駕一　73EJH2:12

居延卅井誠南隧長市陽里周仁　年卅六歲　73EJH2:14

□左丞孝移居延如律令　掾　73EJH2:13

轢得成漢里王意年五十　　長七尺二寸　衣皁襲布單布綺　黑色　牛一車一兩弩一矢五　73EJH2:16

□朔壬寅西鄉嗇夫賢敢言之故里公乘　73EJH2:15

昭武萬歲里大夫張安世年卅長七尺二寸黑色　軺車一乘　73EJH2:17

元康三年八月戊申南部候長　73EJH2:18

守園卒同國縣不審里張到　73EJH2:19

十一月入凡二百五十四人馬卅八匹軺車廿九乘牛百七十九車百七十九兩　73EJH2:20

昭武騎士富里孫仁　馬一匹騩駮　73EJH2:21

日十日辰卯復來相投走亡恐　73EJH2:22

日十日所即復來歸捐亦心恐　73EJH2:22

□□□ 如律令敢言之二月辛卯……謁移過所□　73EJH2:23A

……

章曰長安左丞印　73EJH2:23B

中部候長敕主隧七所當省卒七　73EJH2:24

□□敢言之謹移元康　73EJH2.25

縣索金關出入敢言之　73EJH2.26

□至神爵二年十　73EJH2.27

肩水金關　73EJH2.29

□敢言之候官移檄府檄日吏□
上功勞名籍一編敢言之　73EJH2.28

□長史□肩水倉長常樂兼行丞事下縣承書從□　73EJH2.31

謹移亭廣袤一編　73EJH2.30

牛車一兩　十二月壬子入　劍一　73EJH2.32

□□元康三年十二月庚申朔癸未士吏弘付平樂隧長宋勳出入
□未又尉　臨　73EJH2.33

過界中嗇夫賢謹案仁毋官獄事當爲傳謁移過　73EJH2.34

五鳳元年五月□□□
　名籍一編敢言之　　73EJH2:35+36

□　能書會計治官民頗知　　73EJH2:37

□□伏地再拜請
□足下今　　73EJH2:38A

……
進宋子　　73EJH2:38B

騎士定國里勝禹　年卅八　弩　弓　弓　　73EJH2:39

河南郡維楊槐中公乘李譚年廿一歲　・方相一乘驪駁牡馬一匹齒十五歲　　73EJH2:40

河南維楊槐中公乘李譚年廿歲　方相車一乘驪駁牡馬二匹齒十五歲　　73EJH2:41

平陵富長里蘇憲年卅八歲長十尺五寸黑色　方箱車一乘桃華牝馬二匹齒七歲高

平陵富長里蘇憲年卅八歲長七尺五寸黑色　方箱車一乘桃華牝馬一匹齒七歲高六尺　　73EJH2:41

道人謹案亭隧六所驚糒皆見毋少不足當實敢言之　73EJH2.42

贏伏地再拜請

少翁子賓少君子君孝婦足下良苦過行兵勞賜使者謹道贏丈人病不偷□□緱得臧錢用少馬不□　73EJH2.43A

少翁子賓少君子君孝婦足下

　　　進

　　　石胥少翁

　　　寇子賓

高少君　唐贏　73EJH2.43B

益之伏地再拜　73EJH2.44

會水候史莊齊

元康二年六月甲辰初迹盡元康二年九月晦日積百卌二日

張掖肩水都尉廣德丞勝胡卒史終根以令賜齊勞七十一日　73EJH2.45

今不肯爲封事已函唯大守君依憐道人叩頭死"罪" 73EJH2:46

所臨毋行決=壽幸甚因道□□□□□□□□□□□
長倩足下善毋恙甚苦事寒時壽伏願長倩節衣強幸酒食慎出入辟小人察
73EJH2:47A

長倩足下
閏毋恙伏地再拜請
□長倩　　73EJH2:47B

置伏地言即幸爲得終急爲傳來不可已
子卿足下善毋恙甚苦事先日因鮮于長史報以皁布因爲被單衣□
幸爲取布唯惡也被幣衣耳強不可已得幸急□
73EJH2:48A

終又少闌下當有願得七尺耳即可得願子卿幸爲取
願留意依儴拒財不可已事毋急此者王子長言孫長史
置爲子長取之願得其約索屬元毋所得願留
73EJH2:48B

五封都尉章其二詣橐他三詣廣地
一封□□□詣居延
北書廿四封　三封太守章其二詣居延都尉一居延
　　　　三封大司農□章其一詣居延農都尉
　　　　一封破詣居延農都尉
　　　　一封樂官丞印詣居延
一封表是丞印詣居
七月戊寅日食時□
二封□
73EJH2:49

初元五年六月壬寅朔甲子中鄉有秩忠敢告尉史溫東謝里公乘孫禹自言　73EJH2:50

道里公乘宮尚年卅三　軺車一乘用馬二匹　十二月甲午入　73EJH2:51

五月丁巳廄嗇夫蓋衆行有尉事謹案恵年爵如書敢言之〉尉史□五月戊午熒陽守……　73EJH2:52

北單檄三　其一檄詣廣地肩水都尉章閏月壬申日蚤餔官卒□　73EJH2:53A

昭武……屋闌承明里韓猛卩
……
73EJH2:53B

元康二年六月戊戌朔辛亥佐昌敢言之遣佐常爲郡將轉輸居延與葆同縣安國里徐奴年十五歲俱乘家所占畜馬一匹軺
一乘謹案奴毋官獄徵事當得取傳謁移過所縣邑……
73EJH2.54A

七月辛巳佐常以來　73EJH2.54B

居令延印

水金關

王同以來　73EJH2.55

言之伏地再拜請長道令史得﹦再拜謁□□

人再拜請長三老足下番伏地□年　73EJH2.56A

……候長……

符卒史言候言伏地再拜請長伏地再拜請長伏

謹文言度言水地……

73EJH2.56B

四百六十五人三百少百六十五當責趙贛定少　73EJH2:58

肩水金關
居延丞印
亥王齋以來
□官　孫□
73EJH2:57

北部隧七所　省卒五人詣金　73EJH2:59

……長七尺三□　車一兩　73EJH2:61

・右第百一十方三人　73EJH2:63

□定□捐迺甘露　日雨　73EJH2:65

……里大夫□賢年廿四……
□邑毋苟留止敢言之　73EJH2:60

□里朱福年廿□　大車一　73EJH2:62

鰈得常甯里不更魯國年廿六　牛　73EJH2:64

彊漢隧長趙彊輔　73EJH2:66

祿福定國里牛強漢　73EJH2:67

□千廿三人　□卌八人　軺車　凡千八十人　馬十　73EJH2:68

□告中部亭隧　73EJH2:69

適得武安里公乘呂嬰齊年廿六長　73EJH2:70

□即日可俱去來　73EJH2:71

元康二年五月丁□　73EJH2:72

一完　73EJH2:73

完

言之　73EJH2:74

虞少卿書幸致　73EJH2:75

廣德來之都倉　73EJH2:76

廣狐來之鄉倉

□騎司馬海承書從事下　73EJH2:77

□書罷歸軍餘出衛士及
□謁移過所縣次續食給　73EJH2:78

□一編敢言之　73EJH2:79

□予願子文爲報卒□
……　73EJH2:80

田卒上黨郡高都水東里不更甘□　73EJH2:81

名籍一名敢言之　73EJH2:82

□仁自言爲家私使　73EJH2:83

□縣官事寒時不和謹衣強　73EJH2:84

九月奉自取　73EJH2:85

記到各遣　73EJH2:86

□□□

□長六人卒十五人

西部候長候史二人　73EJH2:87B

□□□□史二人

二人

六年部候長候

凡六部會　73EJH2:87A

驛北亭長牛慶　73EJH2:88

令史大原郡大陵□　73EJH2:89

□隧長贏□　73EJH2:90

卅歲姓殷　73EJH2:91

九月丙申入　73EJH2:92

□索□　73EJH2:93

成卒梁國蓄板里董□　73EJH2:94

九月癸酉將屯張掖大守

□／屬富昌給事佐□　73EJH2:95

□千二

□五十　二月己酉　73EJH2:96

□年六歲　73EJH2:97

弦二 長弦一　73EJH2:98

史利敢　73EJH2:99

矢五十　73EJH2:100

不舉目□　73EJH2:101

即應　73EJH2:102

□卒淮陽郡苦高陵里　73EJH2:103

進□　73EJH2:104

鰈得印　73EJH2:105A

□□　73EJH2:105B

□隧長王延壽等行□　73EJH2:106A

□長□□□　73EJH2:106B

足下善毋恙良苦事　73EJH2:107A

□長信□□　73EJH2:107B

……　73EJH2:108

符爲家私市居延□　73EJH2:109

弩一矢卅□
……
……　73EJH2:110

肩水金關 F1:1—126

丞相方進御史臣光昧死言
明詔哀閔元"臣方進御史臣光往秋郡被霜冬無大雪不利宿麥恐民□　73EJF1:1

調有餘給不足不民所疾苦也可以便安百姓者問計長吏守丞條封
臣光奉職無狀頓"首"死"罪"臣方進臣光前對問上計弘農大守丞□　73EJF1:2

令堪對曰富民多畜田出貸□
……　73EJF1:3

郡國九穀最少可豫稍爲調給立輔預言民所疾苦可以便宜
弘農大守丞立山陽行大守事湖陵□□上谷行大守事　73EJF1:4

來去城郭流亡離本逐末浮食者浸□……
與縣官並稅以成家致富開並兼之路陽朔年間　73EJF1:5

治民之道宜務興本廣農桑□□□
來出貸或取以賈販愚者苟得逐利□　73EJF1:16

言預可許臣請除貸錢它物律詔書到縣道官得假貸錢□□
縣官還息與貸者它不可許它別奏臣方進臣光愚戇頓"首"死"罪"　73EJF1:7

制可　　73EJF1:8

永始三年七月戊申朔戊辰御
下當用者　　73EJF1:9

八月戊戌丞相方進重今長安男子李參索輔等自言占租貸
又聞三輔豪黠吏民復出貸受重質不止疑郡國亦然書到　　73EJF1:10

令
賞得自責毋息毋令民辦鬭相殘賊務禁絕息貸　　73EJF1:11

七月庚午丞相方進下小府衛將軍二千石部刺史郡大守諸侯……
下當用者書到言　　73EJF1:12

十月己亥張掖大守譚守部司馬宗行長史⋯⋯
書從事下當用者明扁鄉亭顯處令吏民皆知之如詔書　73EJF1:13

十一月己酉張掖肩水都尉譚丞平下官下當用者如　73EJF1:14

十一月辛亥肩水候憲下行尉事謂關嗇夫吏承書從事明扁亭隧關
處如詔書
士吏猛　73EJF1:15

□□善親平滿家即持糒一斗　73EJF1:17

□作宜可益倍其□□
⋯⋯長假貧民物□□　73EJF1:16

關嗇夫吏　73EJF1:18

・居延部舉蓬燔積薪廣地北界隧受和地蓬苣火冊　73EJF1:19

候掾所魚主　73EJF1.20A

三顧詣在所□　73EJF1.20B

三石具弩一今力三石七斤傷兩淵
□□六石具弩一今力四石五十六□

73EJF1.21A＋24A

□□隧長蓋衆五石弩一傷

73EJF1.21B＋24B

□十頭馮君長
□十頭侯掾

73EJF1.22

五石具弩　73EJF1.23A

士吏　73EJF1.23B

建武三年五月丙戌朔壬子都鄉嗇夫宮敢言之金城里任安
自言與肩水候長蘇長俱之官謹案安縣里年姓所葆持如牒
毋官獄徵事得以令取傳謁移過所毋苛留如律令敢言之

73EJF1.25

□□里韓成年廿
萬歲里馮竟年卅
載魚五千頭
弩二箭二發
作者肩水里李立卅五
大車二兩牛四頭釜一

73EJF1.26

張蓋衆　詣府受奉須定賦籍前記召金關隧長

張蓋衆　俱謁賦奉記到趣遣須以俱遣殷華

謁告

候遣吏齋吏受奉券至今不到解何（簡左側有一刻齒）

73EJF1:27A

官　會癸酉夕毋留急〻

73EJF1:27B

關嗇夫河上候史（習字）

73EJF1:29

錯田表是常安善居里李欽年三十

表是宰之印　作者樂得廣昌里張錢年三十

大車一兩

用牛二頭　十二月庚子入

73EJF1:30＋28

元鳳二年二月癸卯居延與金關爲出入六寸符券齒百從第一至千左居官右
移金關符合以從事　　齒八百九十三（右齒，「居官」二字中間有穿孔）
　　　　　　　　　　　　　　　　　　　　　73EJF1:31

□□一石八斗以食萃彭候丞青北出三人十一月□□盡壬子十日積　　73EJF1:32

表實北界卻虜隧監滿隧　私舉□　　73EJF1:33

表實北界卻虜隧臨蒲隧　私舉□　　73EJF1:33

史尉史尉史馬承駟馳　　73EJF1:34

百甲寅食巳旋田　　宿廉　　73EJF1:35

八日甲寅食巳發田　　宿廉□　　73EJF1:35

鐥田祿福敦煌案平里韓定年卅五　馬一匹　　73EJF1:36

肩水候長蘇長□　　73EJF1:37

者未蒙教叩頭再拜　　73EJF1:38A

逐相□□得毋有它　73EJF1:38B

河南郡河南東甘里張忠　73EJF1:39

□□□年卅　73EJF1:40

十二月丁卯北出　73EJF1:41

□格言廷　73EJF1:42A

千三百賦卒張　73EJF1:42B

□常幸自言弟爲廣地今
出入符"齒第……　73EJF1:43

□邑西冢地有樹廿餘枚□　73EJF1:44+47

長安大昌里陳歆□在下方
市西第二里南入□
□□□□　73EJF1:45A+54A

子淵坐前 □兄不前見 □□　73EJF1:45B+54B

前未及
所遣牒來　73EJF1:46B

□八月戊辰朔甲戌□　73EJF1:48

幸惜叩頭
趙少伯坐　73EJF1:46A

南　界望澤隧萬世隧舉亭　上一表□　73EJF1:49

調注　73EJF1:50

□舍中君歙　73EJF1:51A

也今旦成　73EJF1:51B

二十三日　甲　73EJF1:52

二十九日　卯　□　73EJF1:53

桉關三　（三字在墨框内）　73EJF1:55

廣地候長孫黨 （削衣）

73EJF1:56

□二年六月辛亥丞相　大將軍

□□　□（削衣）

73EJF1:57

尉欽以私印（削衣）　　73EJF1:58

□從巨卿（削衣）　73EJF1:59

□今宋少□（削衣）　73EJF1:60

□數
諸人往來巨卿
□報□如何道小通
……（削衣）

73EJF1:61

□介中□（削衣）　73EJF1:62

肩水彊□（削衣）　73EJF1:63

居延都尉從史范宏葆（削衣）　73EJF1:64

車曹李君□
庫宰萬□
功曹李君□（削衣）

73EJF1:65+68

□得詣
□得詣□□□
□□□□平□（削衣）

73EJF1:66

□□□
□今千葆（削衣）

73EJF1:67

□□
將軍□
□□（削衣）

73EJF1:69

平樂隧長武白馬月十五日持之都倉糴未還請還持詣治所　73EJF1:70

驩喜隧省卒　當茭七百束〓大三章　73EJF1:71

假佐宣萬年　乘軺車一乘　馬一匹　以八月己未北亭長彭出　73EJF1:72

宣威鄉佐范章　軺車一乘　用馬一匹　八月庚子北守亭長豐出　73EJF1:73

地節四年五月庚辰朔辛巳肩水候房以私印行事謂候長充宗官當空道過往來乘傳客及庄□
甚劇毋以給書到充宗各以閒時省卒及美草盛時茭各如牒務得美草毋假時畢已移□
行茭須以給往來乘傳馬及庠候騎馬食毋忽如律令　73EJF1:74

□陽宣甯卿寄不審里名姓字長孫害舍居二月餘更徙
□母少君疾死孺卿與勝客及兄賓復之長孫舍
男子不審名字子孟居一月子孟父字功與　73EJF1:75

年卅三自言爲家私使之
謁移過所河津關出入毋
掾定令史武　73EJF1:76

三月三日具記博多問子梁□□
主候望蓬火事也臨部毋忽記到亡　　恐力□□
□□□□易行召辛子孝可傳告令以馬遣子孝　　府令□□　73EJF1:77A＋78A

□□□□
者□□……
……往受候□長□□□□之　73EJF1:77B＋78B

五月甲午東部候長充宗謂驪喜隧長廣漢寫移書到
□省卒莢它如候官書律令　73EJF1:79

四日　氐池尉　安邑里□

肩水金關　徒成　□二月　　73EJF1:80

肩水金關　　73EJF1:81

守丞放移居延如律令

　掾晏令史就　　73EJF1:82

其七十二石五斗六升大食省卒卅五人八月十三□十九日積□

升大　　八十一石……食省卒廿一人八月十三日九月十九日十月□日積六十二日食

　　……升稟省卒廿七人八月十五日九月廿九日積卅四日食

　　　　73EJF1:83A　　六石五

穀券　　73EJF1:83B

……
□昌自言願以令取傳爲家私使之酒泉右平郡
73EJF1:84A

尺齒五歲斛斗　73EJF1:84B

……
元始元年四月戊子朔辛卯新鄭守左
（削衣）
73EJF1:85

得之之　毋毋毋毋
（削衣）
73EJF1:86

……
□汙辱君欲數往
73EJF1:87

大車二兩
用牛六頭　六月廿二日南入　一姓耿子俠
73EJF1:88

……
望金關隧
73EJF1:89

令入關之從皇　73EJF1:90A

□□□
與王卿
73EJF1:90B

十一月乙巳奉明守長　守　　73EJF1:91A+93B

八月廿日南

奉明丞印　　73EJF1:91B+93A

縣得常樂里公□　　73EJF1:92

□　八十　　73EJF1:94

□年廿六　　73EJF1:95

・右縣官所給

皁布單衣一領　　・右辛私裝　　73EJF1:96

□□二兩

□始元年□□

亭毋苛留當舍（削衣）　　73EJF1:97

□年廿二歲

男丹年七歲子（削衣）　　73EJF1:98

五歲毋官獄徵（削衣）　　73EJF1:99

□年（削衣）　　73EJF1:100

元始元年正月己

與從（削衣）　　73EJF1:101

……謁遷補

毋官獄徵（削衣）　　73EJF1:102

津關毋苛留止（削衣）　　73EJF1:103

□襄自言爲家私使之居延

□居延縣索關出入毋□

……（削衣）　　73EJF1:104

妻大女令年廿二

□男年七歲（削衣）　　73EJF1:105

守令史□　（削衣）　73EJF1:106

□□
如律令　（削衣）　73EJF1:109

□長尊□□　張掖居延　（削衣）　73EJF1:107

七月十日北出　（削衣）　73EJF1:108

史恭佐□　（削衣）　73EJF1:111

……酉廣明鄉嗇
屬客田居延第五亭部願以令
非亡人命者當得取偃檢□□　（削衣）
□子奉明長
73EJF1:110

卿孝君毋恙祿　累舉
□籍　（削衣）　73EJF1:112

年　（削衣）　73EJF1:113

年七月□　（削衣）　73EJF1:114

八日南入　丑　（削衣）　73EJF1:115

北亭長□出　（削衣）　73EJF1:116

尉史□敢言之魏右尉左馮翊湖邑簿左里公乘李順自言調爲郡送五年
□里大夫刑疾去小奴全偕謹案順等毋官獄徵事　73EJF1:117

年五十一閏月庚午兼亭長周近內

□之敬老里男子成錢自言爲家私市居延

……金關

73EJF1:118A

□□□隧　73EJF1:118B

……□史少孺　73EJF1:119

定□　73EJF1:121

戌卒上黨郡壺關上瓦里　（竹簡）　73EJF1:122

伐卩　（竹簡）　73EJF1:120

累山里石宣年廿　73EJF1:123

牛車一兩　有方　73EJF1:124

凡穀十八石　73EJF1:125

王長□　（削衣）　73EJF1:126